向夕陽敬酒

生命深秋時的智慧筆記

王浩一

推薦序　**向人間夕陽敬酒**

林蒼生（統一集團前總裁、三三會顧問）

向夕陽敬酒，敬的是夕陽餘暉中，千古正氣。

晨起的陽光很潔淨，晚後夕陽卻帶點悲涼，悲涼無語，一生波濤都在無語中沉寂，成為正氣。

沒有正氣的夕陽只是夕陽，正氣是人間懷寶，只能在悲涼的無語中領會。

遂一杯濁酒，敬向那千古的英雄們，敬向人間夕陽！

好友王浩一是一位真正用心的讀書人。他博覽群書，範圍很廣，而且走遍南北江河，包括一樹一枯枝如何與歷史相接，鉅細靡遺從不放過。他的筆記，隨便一篇都是好文。看他的著作，從《英雄守弱》到一系列將歷史人物與易理卦爻相對比，使人知道我們的一生，原來都因循著一線無形的脈絡在行走，那脈絡就是易理的神祕隱藏。我也研究《易經》多年，但王浩一能如此融會貫通，我也只能自嘆不如。

在這本新書中，他從古今歷史及現代人物，由其潮起潮落來談人間生死。生死之事大矣哉！大家都不敢想，不敢碰，卻又無法不想，無法不碰，這是生而為人的悲哀。人的生命從無始到無終，是一條無限長的線，我們這一生只是其中一小段而已。

我常說，棒球如果不是打九局就不會緊張，但不緊張就不會精采。人生亦同，可歌可泣是人生的緊張，而沒有緊張就不會精采。精采是每一個英雄的內在追求，甚至於為了精采而置生死於度外，文天祥如此、史可法如此、岳飛……都是如此。所以英雄的終結，常令人無語，那無語中的正氣累積起來，遂成為中華文化傲人的特徵。

很奇怪，也不知道什麼原因，西方歷史是比較少這一類突出人物。王浩一在本書中所提到的西方名人，在遲暮中所說言語，雖也令人會心，但仍缺乏東方式的刻骨銘心——慘烈裡的正氣。或許這與東西方天生的天性有關。而我能以擁有這東方獨有的正氣為榮。雖然如此，不管東方或西方，在英雄遲暮之時，都有其美麗的呈現，讀者們如能將之深藏內心深處、慢慢體會，或許那體會將會是自我生命昇華的花朵。

「覺知」是這體會的關鍵，如何時刻不忘覺知，不被分別心與妄念掩蓋，使覺知永保清明，那清明的覺知是可以跨越生死的生命長線。無論如何，要緊緊看著這條綿綿永續的覺知長線，那麼生死之間就沒什麼罣礙的事了，聽說在文天祥受刑之前，某個道人在他耳邊講的就是這一件事。

所以，我們要向夕陽敬酒，敬那綿綿長青的生命。敬向夕陽、敬向英雄，也敬向自己。我們的生命正滿懷正氣，充沛於天地之間，永不熄滅。

謝謝浩一，給我們這麼多啟發！

推薦序　晚安

白明奇（國立成功大學醫學院神經學教授、老年學研究所所長）

寫這本書的人很不容易，讀這本書的人真夠水準，幫這本書寫推薦文，要有膽量！

七年前我曾幫一本名為《凡人》的暢銷書寫推薦文，作者是菲利浦・羅斯（Philip Roth），寫的是深受身體病痛、親情苦難的平凡老人，很深入內心的故事。當年，據說羅斯是摘下諾貝爾文學獎桂冠呼聲很高的候選人，我本想藉此沾光，可惜連續幾年都沒聽到好消息。

華文世界王牌作家王浩一這本《向夕陽敬酒：生命深秋時的智慧筆記》，記錄人事內容，縱貫中外幾千年，甚至涵蓋傳LINE邀我寫推薦文前幾天的新聞事件。不同於《凡人》，能被此書引述的人物都是名人，讀者除了好好品味歷史名人、達官顯貴的遭遇之外，也得好好讀出作者的主觀意識。

我花了一整天看完厚厚的書稿，自忖會讀這本書的主要讀者，是出生於一九五五至一九七〇年之間的「新老人」（New Old）。這群讀者擁有超強求知慾、上網能力、不服輸、有點錢、有點時間，但生活卻有些空虛，對《俗女養成記》的內容特別有感。可以預期的是，這群人一旦買了書、讀著讀著就會隨時上網查資料，欣賞作者字句裡提到或描述的詩句、風景與建築，享受與作者一樣的體驗，然後，不斷地反過來看看自己。

這時，重點就來了。

想想看，十年後的生活和現在還會是一樣嗎？

讀著、讀著，這群人也很容易會引發後悔、放棄、享受、奉獻、重新來過、快點動手的念頭，或是飆車、衝浪、去喝幾杯、大睡一覺的衝動，心想簡直是對號入座。

接著，又想想，世界、生態、社會正急速改變中，不如早點面對吧！

被比喻成一天的人生，夕陽好似晚年；然而，長壽如斯的當代人們可能有兩段、三段、甚至四段人生。夕陽，只是暗示不久之後太陽又將升起。

那麼，夕陽來吧，我們乾杯！

同時，明天記得起床。

推薦序　生生不已，觀之又觀

林安鴻（生生國際（香港）、家文化研究基金會創辦人）

哲學探索三觀：宇宙觀、人生觀與價值觀。而上帝最傑出的，也最頭痛的創作：有本我／自我甚至於超我意識及覺知的靈長人類，也演化積累他的人生哲學三觀：生活觀、生命觀和生死觀。

這「生生不已的生命之流」如何在此段生死的時空中順天應人地「轉識成智」呢？想必會在適當時機、年齡與狀態，自然而然，自覺自省如蘇格拉底所說的：「不經反省與檢視的人生，是不值得活的！」來整理過去、把握當下、展望未來，了悟萬物／人／我的來源與歸宿。

浩一（友直、友諒、友多聞的典範）多年來「雜食」博覽群書，從建築、歷史、文學、易理、美食、老樹古廟、名山禪寺，橫向連結不同元素，而又深度挖掘梳理脈絡「轉聞成書」。然而，我們彼此這幾年卻不約而同地漸漸把眼光與關懷轉移至生活與生命的有關命題，特別是孤獨、餘命管理、生生之觀、銀力社會……等現象。這就在二〇一七年《華盛頓郵報》評選十大買不到的奢侈品，盡是與「生活與生命」相關得到佐證。

浩一以他一貫的從容逍遙態度思考、整理也實踐（我等基本上也是相通相應的）人生不同階段的狀態、境地與期許：懵懂少年、放肆青年、揮灑壯年、哀樂中年、智樂老年。特別是與「50＋」橘世代相關，在深秋遲暮人生，如何能有優雅自在的老後，驀然發現「第三人生」的自己可能的風景與風光，看見「第二座山」的自己應該有的自心映照人生。

所以呀，所以啊，揭諦揭諦，走吧走吧！臣服於超越與本然，養生齊物，走入社會人群，提升心性（＝提升人的品質）、修己利他（＝建設人間淨土），積累時空連續不滅的正能量的善因果循環，在生活的實踐中與生命的流轉中——Make life & living better，修練成為一個更好的自己，To be a better you！

向浩一與有鹿文化帶來的美善用心的生命智慧議題敬酒！

推薦序　十一顆相思豆

王曙芳（能量心理治療講師／作家）

早起，決定帶爸爸去走路，沒想到爸爸同意了。因為疫情，他已經許久不去散步。穿上西裝褲還繫上皮帶，爸爸跟我走向巴克禮公園，一路抱怨太陽炙熱。爸爸不讓我牽手，也不喜我等他，揮手要我先走。我小心揣度他的速度，放慢腳步，一前一後走著，維護這個老人的尊嚴。

為了避開太陽，我們拐入一條陌生的小徑，意外發現一片樹林。有民眾鋪設的棧橋，讓人跨越鴻溝。進入林子，兩組老人已經分別在樹下泡茶「開講」。一問才知，他們每天早上六到八點來此「上班」，八點後各自回家。突然有個人跑出來招呼爸爸，原來是教會七十多歲的長老，爸爸見他立刻開心笑了，雖然喊不出名字。長老邀爸爸一起泡茶茶聊天，爸爸婉拒，他不願跟陌生人社交，母親去年離世之後，爸爸落寞，不知如何排遣時間，成為老宅男，鎮日與電視為伍。

長老太太到樹林裡，撿了幾顆火紅的相思豆，放在爸爸手上，爸爸看看問，這可以吃？她說：「讓你看水水的！你日後來此慢撿，存在小瓶子裡。」

浩一書寫初老要培養的境界是「遠方與詩」，長老太太有詩，她默默撿了了紅色的豆子，交給爸爸，想喚醒他心中沉睡的對於美的感受。

得了相思豆，跟朋友寒暄，爸爸心情明顯變好，回家路上，他哼著歌。一路捏著豆子，到家後，攤開手掌，發現相思豆，但顯然已經忘了剛剛的事，阿茲海默症快速侵蝕著他腦部的記憶區塊。他問我這是什麼，一次要吃幾顆？

他日常所見的紅色丸子，不是藥就是維他命。沒有醫療功能，只有美和詩歌的相思豆，爸爸沒見過。他今年八十五歲。

我曾是瑞典偵探片《青年神探維蘭德》（*Young Wallander*）的粉絲。記得在看最後幾集時，這位鉅細靡遺，脾氣暴烈的天才警探知道自己罹患失智症，記憶力正在消退，不得不退出心愛的工作。一度因為燒水壺忘記關瓦斯，他把房子燒了。最後一集的維蘭德，老偵探看著小孫女在海邊嬉遊，對女兒承認，他記得的事每天都在減少，知道他的心慌，女兒安靜地說：「我會幫你記得。」

這幾年，因為爸媽的關係，我對終老的狼狽憂鬱有深刻體驗。媽媽是浩一書中描述的，等死等得心灰意冷的老人。行動不便之後，她更加意興闌珊。爸爸則是終生奉獻給公司，不懂怎麼面對孤獨的退休老人，親子和朋友關係都疏離。

浩一的誠實書寫，環繞著死亡、孤獨、衰老，種種深秋人生議題。他擅長筆記與彙整，將古今中外關於老人的勵志故事與智慧攤在眼前，「老人學」是這個時代最迫切需要的，但這本書不僅是給初老族看，也給每個終將邁入深秋的我們讀。關於老化所呈現的各種層面，我們應該知道的事，在他筆下，幻化成許多有溫度的小故事，容易吞嚥消化，同時耐人尋味。擅長寫美食的他，把老人學烹煮為一道道精緻菜餚，信手拈來是家常的可口。

浩一剛過六十，邁入初老，由自身出發，帶領我們上人生的最後一堂課。當功成名就如過眼雲煙，當耳不聰目不明，骨質疏鬆，當身體逐日瓦解衰頹，我們還能開始嗎？能夢想嗎？可以愛嗎？擁有詩嗎？這些大哉問，他企圖找到解答。人生餘命，如何把生命的熱情延燒下去，直到我們和宇宙交換的最後一口氣？他說一定可以，也必須可以。

浩一提出「預約優雅的老後」這個概念。想要預約的人，必須提前部署。許多對美的感知力與觀賞力，都必須及早開始自我訓練。否則，有一天，我們會忘記如何「看水水」的相思豆，只會吃紅色的藥丸子。

我從事「能量心理學」的教學與諮商，相信所有的問題都可以在精微的能量場找到答案和解套。前來找我的個案多是在傳統醫療體系找不到答案，想要從另類醫療尋求協助。

有一次，診所來了一個七十幾歲的阿嬤。陪同而來的兒子說，母親認為她牙齒咬合有問題，已經換了幾個牙醫，卻都找不到什麼毛病，他懷疑阿嬤會不會是心理問題。我診斷的結果，阿嬤的毛病是源自於一個「美好的創傷」。是的，你沒看錯，並不是糟糕的事情才會形成創傷，太美好的事，如果當事人無法整合，也會形成問題。這個模式說的是，一個人曾經有過非凡的美好經驗，因此對日後的生活都不再滿足，一心想要再創之前的高峰經驗。這是許多老人的普遍問題。

我用台語和阿嬤聊天。阿嬤的高峰經驗，是她人生最快樂的一段時光。那時候所有的小孩都住在附近，阿嬤每天可以去不同孩子家串串門子，探女兒看兒子陪孫子，吃飯聊天。哪像現在，家裡只剩她和老伴兩人。老先生買了六部電視，每個房間都在播放電視，但兩人不再有對話。阿嬤無聊寂寞，心裡不舒坦卻說不出口，牙齒怎麼咬合都不順遂。填滿電視聲音的生活，是許多老人的寫照。一個人孤單，兩個人疏離，這就更顯淒涼。

除了釋放她對過往「美好」經驗的執著，阿嬤需要的是走出家裡構築的電視牆，重新與人連結，就算兒女不在身邊，也可以學習做些自己開心的事。這是我給阿嬤的處方。

「話說當年勇」不必是老人的點唱機唯一的曲目，浩一書中提出許多其他的案例，令人雀躍。修身養性不夠，「修心」才是解藥。

浩一提出的養生哲學，是培養「遠方與詩」的態度，他的閒適，是「自由地做自己感興趣的事」，他認為「生活，不要省略任何趣味細節，開始練習創造一個有振奮作用的環境，把沒有意義的事，看成很有意義的事，才能夠讓自己樂活。」老化和失智都是每個人可能會面對的問題。不必迴避，提前部署，坦然面對。

二〇二五年，台灣即將晉身「超高齡社會」，六十五歲以上的老人將超過人口的百分之二十五。每四個人裡面，就有一個。如何樂活，怎麼終老，既是社會問題，也是個人責任。

浩一在《孤獨管理》提出：孤獨可以不必孤單，只要還有柔軟的心能夠品味，一個人的旅行也有深刻的詩意。而今他要「向夕陽敬酒」，說的是一種氣魄、詩魂，如太白的俠客行一般，老了也行，誰怕誰。行走天涯，樂活到老。哪怕天涯，後來只是海角一畝菜園，也要孤芳自賞，雅興更高。

自序 向每一個夕陽敬酒 Toast each sundown with wine

有些英雄戰死沙場，有些美人紅顏薄命，他們如同劃過天際的流星，璀璨，短暫，令人惋惜，卻留下一道耐人尋味的美麗，讓人緬懷，也令人繾綣感動。

然而有人活得久，除了美人遲暮，多了尷尬的白髮與皺紋，多了惱人的腰痠與背痛，怕的是有人晚節不保，驚得是有人遺毒百年。但是大多人當走完春、夏、秋季的人生，最後面對不可知的冬天，怕的是漫長而寒冷的黑色冬天，如果長期失業，如果經濟困頓，如果早年失智，如果臥床長照，如果……最後僅能疲憊地等待「孤獨死」，怎麼辦？

終老，是一個嚴肅的問題，如果沒有提前部署，「人生會後悔的項目」清單將快速增長。

這是老年學的研究、研習主要課題之一，只是，它在學術界裡多是「急死太監」空轉，象牙塔外的民間，那些初老族、橘色世代、深橘世代卻隱晦不談「老」，不去面對「死」，直到枯萎。

王陽明說：「人於生死念頭，本從生身命根上帶來，故不易去。若於此處見得破，透得過，此心全體方是流行無礙，方是盡性至命之學。」

「生死觀」一直是人類的大哉問，在不同的年代、族群、文化，它都是「大事」，也是生命倫理學的根本問題。面對老化，可能無奈，我們可以笑笑說「歲月不饒人」，面對死亡，我們可能感到恐懼。但是無論怎樣，生死是我們總要面對的東西。問題是如何面對？

中年後，夕陽無限好？我們知道活得夠久，才能填寫完畢所有的「人生考卷」，而如果能夠寫下最後的答案：「我了無遺憾！」這樣的境界我們嚮往。心態如果能「俯天涯海角，萬端塵事付浮雲」，我們相信，最終也可以靜心地，看「雲卷千峰色」，聽「泉和萬籟聲」。

「你當過老人嗎?」問的不是人生經驗,問的是人的同理心。

蘇東坡說「最是橙黃橘綠時」,提供給現代人中年後的張望與借鏡,也思考50+想要過什麼生活?然而,我們總在不知不覺中看見父母的白髮,察覺他們的腳步漸漸蹣跚。幾年後再一個轉身,赫然發現自己「不一樣」了,許多年輕時可以做的動作,肌肉仍有記憶,但是肢體已經力不從心了,許多事我們愈來愈像當年的父母,甚至思維、習慣。我們不禁要問自己:「是什麼時候變老的?」

有一次搭上捷運,因為手上拿著登山枴杖,有人急急要讓座給我。

在南京旅行,有一位年輕的母親抓住小孩說:「小寶,讓爺爺先過!」

五月在國稅局,幫我服務的女工讀生,一直尊敬地稱呼我:「阿北!阿北!」

認真讀了文茜的新書《終於,還是愛了》,她談了許多自己生病、手術後的生命思緒,也說到「愛」，「如果連好好愛自己都學不會，你為什麼覺得別人懂得如何愛你？包括那個別人的名字叫做母親？父親？」閱讀她的領悟之後，把這本書收入書架，放在詹宏志《人生一瞬》旁邊。宏志說的是「年歲漸長，記憶發酵，孩提往事一幕幕，如此鮮明多彩，卻令人心生疑惑」。

如果，我們把五十歲當是一條線，那些50＋的唐宋詩人、詞人他們在晚年生涯，人生最後幾年的作品之中，透露些什麼幽微情懷？面對遠離朝廷，隱身江湖，年華老去，他們在山高月小，水落石出，曾日月之幾何，而江山不可復的感慨之下，如果選出他們晚年的一句話「代表老後態度」，有豁達曠遠的，有深情依依的，有自由自在的，我是這樣整理與羅列的：

一、陸游，享壽八十六歲，夜靜孤村聽笛聲

二、李清照，享壽七十二歲，載不動許多愁

三、黃庭堅，享壽六十一歲，心情其實過中年

四、司馬光，享壽六十八歲，我已幽慵僮更懶
五、白居易，享壽七十五歲，香山閒居一千夜
六、辛棄疾，享壽六十四歲，問松我醉如何
七、薛濤，享壽七十二歲，滿腹相思東流水
八、劉禹錫，享壽七十一歲，苔痕上階綠，草色入簾青
九、柳永，享壽七十一歲，柔腸斷，還是黃昏
十、賈島，享壽六十五歲，歸臥故山秋
十一、陶淵明，享壽六十三歲，獨曠世以秀群
十二、蘇東坡，享壽六十五歲，人生無處不青山
十三、蘇轍，享壽七十四歲，幽居一室少塵緣

退休之後，人生還有風景，人生沒有想像中的短。去察覺人生有那麼多條路可走，偶爾多繞路也無妨，因為可以看到更多人生風景。

只是，我們要「替未來二十年準備」，預約優雅的老後。退休前，如何準備人生新行李，這才是重點！開始簡化生活，建立與「生命之流」新的連結，學會感應到世界其實藏有一股巨大的奧祕。也學會真正閒適的心情，那個才是「真正寧靜」，理解「當下與永恆」都在自己手掌上。

梵谷說：「倘若你聽到心理的聲音在說，你不能畫畫，那麼，你將想盡辦法作畫，然後那個聲音將會沉默。」從初老到終老，我們一定會聽到自己內心很多的「否定」，記住：不要論斷自己「是什麼樣的人？」如此才能活出「不自我設限的人生」，反正機會不多了，為何不多去試試？

向夕陽敬酒

生命深秋時的智慧筆記

目錄

002 推薦序 **向人間夕陽敬酒** ◎ 林蒼生
005 推薦序 **晚安** ◎ 白明奇
008 推薦序 **生生不已，觀之又觀** ◎ 林安鴻
011 推薦序 **十一顆相思豆** ◎ 王曙芳
018 自 序 **向每一個夕陽敬酒**
028 第一章——**寂寞沙洲冷**

038 第二章——在東嶽殿，上一堂死亡哲學課
056 第三章——那些古人，他們死前說了什麼
086 第四章——從古人的貶謫，說說中年後失業
112 第五章——退休前，前瞻理想老後的自己
140 第六章——從初老心理到聰明慢老
170 第七章——他們花二十年的時間在等死
186 第八章——不想麻煩兒女
206 第九章——七十歲，我選擇重新開始
234 第十章——選擇單身，但不排斥兩個人
254 第十一章——定下自己在這個世界的座標
278 第十二章——終老時，屋矮不礙雲

第一章

寂寞沙洲冷

小學二年級，我的第一次「遇見死亡」——

去年七月，在台北第一殯儀館參加家族長輩葬禮，過程中我們幾個同輩的親人閒話童年時光，話題說到「我們的祖母和她的葬禮」。我憶起她的葬禮是我第一次「遇見死亡」。當時是小學二年級的我，許多大小事懵懵懂懂，多數已經遺忘，但仍依稀想起當時的一些儀式和習俗。

當年跟著母親急急返回祖厝奔喪，進了三合院的明堂，祖母遺體已經安頓其中，她躺在一座臨時臥舖上。身上覆蓋土黃色被子，雙手擱放在胸前，兩眼闔上，嘴巴明顯地張開，臥舖四周圍著白色輕紗，像是蚊帳的東西垂掛著，穿堂風輕輕拂動白紗。我隔著隱約的白紗望著祖母，旁邊跪著我的叔伯輩，那些姑姑嬸嬸們則放聲哭喊著祖母。看著父親、母親身披重孝服裝，粗麻草繩、整夜的誦經與跪拜，道士手中的搖鈴持續響著，接下來的頭七、二七、三七……七七漫長的習俗，那是我深淵般的印象與記憶，對於死亡有了初次接觸。

隨著年歲增長，所參加的告別式已經不可數。

二十多年前，從墨爾本抱回父親的骨灰罈——

最刻骨銘心的則是我的父親在墨爾本市立殯儀館的告別式，那一年我三十九歲。二十多年前，一個冬天星期假日，我正思考著晚上要到桃園機場接機，因為父母與一些親友參加澳洲旅遊團，即將結束旅遊，當天將從墨爾本搭機回來。沒想到突然接到外交部的越洋電話說父親猝死在機場。電話另一頭還在驚魂中的母親接過電話，但是細節說得顛三倒四，唯一明確的資訊是「父親死了！」

第三天早上終於等到班機，我們姊弟三人直奔墨爾本，外交部派人來接機，車子是墨爾本市立殯儀社派遣的，我記得那是一輛豪奢的勞斯萊斯。見到已經煎熬了三天的母親，看到我們到來，母親剎那間崩潰了，那是她三天來的第一次眼淚，她癱軟在我們姊弟懷中。

見到父親最後一面之後，我們姊弟哀悽地接手後事安排。官方的驗屍報告是「動脈剝離」，看到父親遺體胸前深深的一道縫合痕，之後是入殮儀式，謝謝當時在墨爾本佛光山法師的協助。抵達墨爾本第三天，是父親的簡易喪禮，黑色豪華禮車的車頂有大大豐盛的多彩花籃，車程先緩緩繞了這座漂亮城市，讓父親再看一次「他自己選擇的藝術城市」街景，最後到了一座有美麗公園的火葬場和教堂。偌大的教堂顯得空蕩蕩，告別式只有八個人，我們仨與母親四人，另外兩位是外交部的職員和兩位佛光山的法師。儀式中，身為長子的我被告知待會兒要上台致詞。啥，說什麼？我有點彆扭。

完全沒有致詞準備，在父親的告別式上，三分鐘後「臨時要上台」，我要說什麼？我應該說什麼？快速地倒帶父親的一生，他的榮耀？他的辛苦？他的遺憾？我卻想起一件記憶深處的事。高中時父親在盛怒下打了我一個耳光，那是唯一的一次……。我在台上慌慌亂亂地說了一些父親的往事，也說他是一位受我們姊弟尊敬的父親……。但是，我忘了向他說「我愛你」。

全家人搭上華航班機回台，我被升等到商務艙，其他家人在經濟艙。我的座位旁多了一個神祕空位，空服員告訴我這是留給父親的。整段航程，我抱著父親的骨灰罈，這個神奇的重量，恍恍惚惚從墨爾本到台北，一路上悠悠地向他說了一些話，內容已經忘了，但是這一趟的飛行經驗卻是深刻而幽微的。

直到有一次看了電影《伊莉莎白小鎮》（*Elizabethtown*），裡面有一段劇情是奧蘭多・布魯（Orlando Bloom）飾演的主角帶著父親的骨灰一同旅行，在幾天的旅程中橫越了美國的幾個州界。原本對父親疏離的主角，最後熱淚盈眶對著骨灰罈裡的父親說：「我們應該早一點做這樣的旅行！」之後看了幾次重播，捧著父親骨灰在懷裡的「重量記憶」，封印屢屢被打開，每次我都泫然泛淚。

但是，也是隨著年歲增長，對於「枯老、死亡」有了更深刻的觀察與思索。希臘人會在亡者耳邊低語輕問：你可曾有過熱情？印度教徒在河壇舉行火葬，亡者的長子會手持油燈繞行遺體三圈，邊走邊吟，我好奇他們跟亡者說了什麼？葉慈說：「年輕時，我曾經浪蕩度日，如今我就要凋謝並走入真實。」蘇東坡說：「驚起卻回頭，有恨無人省，揀盡寒枝不肯棲，寂寞沙洲冷。」我卻在葬禮開始思索：所有的亡者，「他是怎麼成為現在這個人？」他有恨？他有遺憾？他有過熱情？當他凝視逼近的死亡，他想了什麼？

兒童繪本《爺爺的天堂筆記簿》，對孩子說死亡——

有一本書《爺爺的天堂筆記簿》，是本兒童繪本，談的卻是死亡。第一次翻閱的感覺：怎麼有人可以如此「舉重若輕」，將沉重的「死掉之後，該怎麼辦？」這番大哉問，以孩子能夠理解又不會害怕的方式，引領他們思考生命裡，有許多人忌諱的死亡議題，令人佩服。

繪本故事述說著一位孫子在去世不久的爺爺房間，找到「爺爺死後的計畫」筆記簿，上面記載著爺爺生前面對死亡的想像與準備：死掉了，先去靈魂中心報到；之後，出發去天堂。可是「去天堂的裝扮」是什麼？背包裡要裝入正在看的書，穿上習慣的鞋。如果遇見神明，伴手禮是一瓶酒？後山撿到的栗子？還是一盒很難的拼圖？

天堂又是什麼樣子？童言童語說「一定是這種地方」：奶奶也在那裡，跌倒不會痛，可以遇到許多名人，大家彼此稱讚對方……。如果在天堂待久了，可以到投胎中心，那麼我要「變成什麼？」作者列出孩子清單：貓咪、手提包、猜謎冠軍、烏龜、桂花樹、馴象師、太空人、披薩店老闆……。故事也探討「死後，希望家人幫我做什麼？」「如果，我變成透明的靈魂，守護家人的方法？」林林總總，許多答案都令人莞爾。

最後，透過故事裡的孩子，作者吉竹申介表達了他的想法：「或許爺爺很孤單、很寂寞，說不定他很害怕死掉，所以才會寫下這本筆記簿。」「搞不好爺爺是故意寫一些開心、有趣的事，才能讓自己不害怕死亡。」故事末了，孩子去問了爸爸，他是否也可以寫下自己的天堂筆記簿？

但是，作者並不是要處理「死掉之後，該怎麼辦呢？」

而是，「活著的時候，要怎麼辦？」

第二章

在東嶽殿，上一堂死亡哲學課

東方死亡哲學裡，長壽的彭祖與早夭的甘羅——

有一次假日，我在東嶽殿文史調查，正記錄著木雕刻與木建構的資料，期間遇見一對法國夫妻遊客，他們入廟參觀，顯然對台灣「看起來都一樣」的寺廟一頭霧水，於是我主動前往擔任導覽，用不是很靈光的英文，努力地向他們介紹這座寺廟所具有「東方生死觀」的哲學意涵。

神龕四周有文判官與武判官，有牛頭與馬面，有七爺與八爺，最特別的是「彭祖與甘羅」兩尊神祇。我慢慢地向他倆說了這兩尊神明的故事：

彭祖是神話裡最長壽的人，他本名是彭剪，總共活了八百多歲。故事出現在《周公大鬥桃花女》裡，六十九歲的他被預言即將壽終正寢，他的主人周乾無法挽救他，於是彭剪轉向桃花女求援。桃花女向他指點迷津說，何日何時在何廟有七位光華熠熠的神仙降臨，他們即是「北斗七星」。於是彭剪依照指示在神案擺上七份香、花、鮮果、明燈、淨水等等，自己則躲在神案下。

果然有七位樣貌特殊的人，自燦爛的星空緩緩而降，他們享受桌上豐盛的供養，正要離去前，彭剪從桌下跳出來，抓住其中一人的衣袖，跪地哀求：「上聖天仙大發慈悲，請可憐小人，救救小人。」「我們吃了你的東西，你扯住了我，難道你要功名利祿？」「我是彭剪，今年六十九歲，明日午時該死。」北斗七星掐指，知道來龍去脈了，他們七人分別贈他各一百歲陽壽，一旁的左輔、右弼也各送他五十歲陽壽。星君並讓他服下一粒丹藥，可以讓他脫胎換骨、百病不生，好享那福祿壽。

彭祖不可思議地長壽，他一生最大的痛苦是「他愛的人、認識的人都會比他先死」，最終自己又不免一死。

至於甘羅，是春秋時期被記載的天才兒童，是一位稀罕的少年政治家。他濃烈的傳奇成就了一個成語「甘羅拜相」。甘羅在野史多有傳說，他是甘茂的孫子，而甘茂是秦王的宰相。話說十二歲那年，祖父甘茂因力阻秦王大興土木致使秦王極為不滿，秦王就令其上貢「公雞所生的蛋」來刁難他，否則處死。

一籌莫展的甘茂在家乾著急，在孫子追問之下說了始末。第二天甘羅代替祖父上朝，秦王問「小孩子來做什麼，你祖父呢？」甘羅鎮定地說：「爺爺在家生孩子。」秦王拍案斥道：「一派胡言，男人怎能生孩子？」甘羅淡淡地回答：「既然男人不能生孩子，那公雞怎麼能下蛋呢？」秦王一聽恍然大悟，稱讚道：「小小頑童卻有宰相之才！」甘羅磕頭謝恩。

之後的政治事蹟，司馬遷的《史記》有了紀錄：甘羅出使趙國，使計讓秦國得到十幾座城池，甘羅因功得到秦王賜任上卿（相當於丞相）、封賞田地、房宅。但是甘羅在年底病逝，僅僅活了十二歲。

八百六十九歲的彭祖與十二歲的甘羅，為何一左一右並列在泰山大帝神龕下，成了東嶽殿首席配神？古人對於他們倆有何心思？現代人應該有什麼啟發？

生命的意義，不是壽命的長度，而是精采的過程，正如決定視野高低的，不是人的眼睛，而是內心的見識和格局。蘇東坡說：「古之成大事者，不惟有超世之才，亦必有堅韌不拔之志。」他這麼說，也這麼做，每讀一部經典，他都從頭抄寫到尾。這是蘇東坡自己對生命的期待與追求，甚至是修行與鍛鍊。

在東嶽殿，東嶽大帝掌管「死後的審判」——

台南這一座「東嶽殿」，是明鄭時期的古蹟寺廟（鄭經創建於一六七三年），主神是泰山大帝。在道教信仰系統裡，泰山大帝也稱「泰山仁勝天齊大帝」或「泰山府君」，祂掌管「死後的審判」。

如何區分城隍爺與東嶽大帝的職權？簡單地說，城隍爺像是人間的地方檢察官，負責收集善惡證據與計算「人生分數」。東嶽大帝像是人間高等法院的超級院長，轄下有許多大小法官，他們根據作奸犯科的程度，依據法條做出最終判決，將不及格的亡魂押送到冥府十層地獄的哪一層受刑。

冥府十層地獄，則分別由十位閻羅王分別管理，這是於唐朝時期，佛教中國化之後，儒釋道為一爐而衍生出來的陰司信仰，於是有了冥府文化，擔任各地城隍爺或是閻羅王等每一位治理官員，都是歷朝以來為國家或者百姓做過貢獻而犧牲的忠義正直之人。例如文天祥，就是四大都城隍神之一，他任職北京城隍爺。

至於冥府十層地獄之上，有地獄最高主宰「酆都大帝」，簡稱酆帝，尊稱為酆都爺，輔佐東嶽大帝掌管著陰間。道教認為祂主宰十殿閻羅王，也是地府的統治者。酆都大帝可保佑生人吉利，維護死者安寧。酆都大帝下有「陰間五方的五位鬼帝」、七十二司為屬神，探查人間、陰間善惡，評定禍福。

舉例，五方鬼帝裡的「北方大帝」是東漢張衡，他是一個天文學家，也是地理學家、數學家、科學家、發明家及文學家，官至太史令、侍中、尚書。張衡秉性剛直、學識淵博，曾製作以水力推動的渾天儀、發明能夠探測震源方向的地動儀和指南車、發現日蝕及月蝕的原因、繪製記錄兩千五百顆星體的星圖、計算圓周率準確至小數點後一位、解釋和確立渾天說的宇宙論等。

至於冥府十層地獄，這十位閻羅王也分別由歷史忠烈人物擔任，祂們深受民間敬重。譬如第五殿閻羅王是包拯，即是那位家喻戶曉的包公、包青天。閻羅王包拯專司在陽間不信因果、阻人行善、誹僧謗道等罪。

冥府十層地獄，第五殿閻羅王是包拯——

讓我掉一下書袋，說說包拯的故事：

嘉祐三年（一〇五八），六十歲的包拯離開「開封尹」一職（開封尹是北宋的首都市長），接任他的人則是五十二歲的歐陽脩。包拯知開封府只有短短一年半的時間，那是後人津津樂道的時期，甚至有許多小說家以他的威名寫了許多「冤獄受到正義伸張」的故事，說他明察秋毫，摘奸發伏，洗冤雪枉。確實他這般「威嚴治下」，名震京師。百姓稱他「包公」、包龍圖（龍圖閣直學士）、包青天、包黑子等等。

北宋的宋仁宗時期，包拯是確確實實的名臣，不過在那個群星璀燦的年代裡，他實在不是聲譽最著的。但是，經過後代民間的說唱、表演藝術，他成了千年來民間聲譽卓著的正義法官，甚至成了閻羅王之一，繼續在冥間主持正義。

話說包拯卸下開封尹，遷官御史中丞，成為北宋監察官之首，影響力更大。宋仁宗真是知人善任。嘉祐年間（共有八年），富弼任職宰相、歐陽脩任職翰林學士、大教育家胡瑗任教太學（皇家大學校長），他們都是一時之選，士大夫們讚譽此四人為「嘉祐四真」：富公真宰相、歐陽脩真翰林學士、包拯真中丞、胡瑗真先生。

包拯戮力提出時政的缺失，也提出建議，包含禁止官府經商，抑制宦官的權力等等。連北宋的官方休假日，他也有意見，所以本來寒食（農曆三月三日，古清明）、冬至節日都是七天連假，縮短為五天。包拯任御史中丞不到一年，在這期間他向宋仁宗上了一百八十七封彈劾奏疏，彈劾了許多位高權重的當朝權貴。

之後包拯改遷為「三司使」，他成了北宋財政總長，總領全國的財政事務，得有「計相」

之稱，可見重要。這個工作除了幫大宋看好國庫，專注經濟問題，另一方面，廉潔的操守也要受到放大鏡檢驗。意外的是，新的人事任命一經公布，「命下之日，中外喧然」，受到議論。並非包拯的廉潔有讓人不放心之處，而是上一任的「三司使」宋祁，是受到包拯彈劾而下台的，當時彈劾的理由是：一，宋祁在四川為官時生活奢侈；二，宋祁的哥哥宋庠正是任職副宰相，兄弟倆不宜同時位居高層，應該避嫌。

當時上書說包拯不宜擔任「三司使」的人，是歐陽脩！他的理由是，朝廷之舉是不愛惜包拯的名節，陷他於不義。另外，歐陽脩也說包拯不應該接受此職，他說你把別人彈劾下來，結果自己坐上那個位置，那是「蹊田奪牛」，意思是，耕牛踩壞了人家的田地，固然不對，然而奪下人家的牛隻據為己有，又是另外一回事了。歐陽脩堅持：包拯應該堅避瓜田李下！包拯聽進去了，請辭任命。但是宋仁宗不允許，最終包拯還是上任「三司使」。那個年代士大夫的氣節是大事。

嘉祐六年四月，包拯遷樞密副使，算是進入宰執集團、政治核心。次年五月，十三日正在處理公務時，疾病發作，十三天後去世，享壽六十四歲。生病期間，他再三向子孫重複叮嚀他著名的家訓：「後世子孫仕官。有犯贓者，不得放歸本家，死不得葬大塋中！不從吾志，非吾子吾孫！」包拯還囑家人請工匠，把這則家訓刻在石碑上，豎立在自家堂屋東壁。想想，包公如此潔身自愛，甚至再三嚴厲要求後代子孫也要愛惜羽毛……因為他太清楚，也看多了……拒絕誘惑，確實不易！

宋仁宗為了表達對包拯功績的敬意，將其追封為禮部尚書。歐陽脩稱譽他：「清節美行，著自貧賤，讜言正論，聞於朝廷。」

我再補說一段歷史小八卦。最有意思的是，包拯出殯那天，令人感到疑惑的一幕出現了：包府用了虛實二十一口棺材，往七個城門前去。每個城門魚貫三口棺材，出了城門之後再分三個方向前去，同時包府也散布了一些虛假墓地和棺材詛咒之類的謠言，混淆視聽。民間說法是，包拯生前因為辦案鐵面無私，執法如山，得罪了很多人，特別是那些達官顯貴，還有開封府一竿子江湖英雄。他平山滅寨，懲惡除奸，也得罪許多賊寇，綠林黑道對包拯可是恨之入骨。所以，包府有此真假莫辨策略，防止仇家破壞。

日本安寧醫生的《臨終前會後悔的25件事》——

對於生命的期待與追求，人人各自不同，如何可以在有限的時間，竭盡全力地活著，讓人生沒有太多未竟之憾？臨終之際，可以自然、自在、平靜，不帶任何遺憾地跟世界說再見，成了每個人不可迴避的事。

年輕的大津秀一是一位安寧病房的醫生，他寫了一本《臨終前會後悔的25件事》，那是他在「臨終關懷」了一千位病患之後，根據他們的臨終遺書整理的一本書。短短幾年內，他所目睹、親耳聽見，以大數據的概念列出了二十五件事，範疇有健康、心理、社會與生活、人際、宗教與哲學。我自己重新排列順序，先說說「我以為的前五項」：

一、沒有做自己想做的事情。

四、被情緒左右一生。

十一、大部分時間都用來工作。

十四、沒能談一場永存於記憶中的愛情。

十二、沒能去想去的地方旅行。

「大部分時間都用來工作」，結果沒有時間培養興趣，老年時成了一把無趣的竹掃帚，晚年生活如同嚼蠟。「沒有做自己想做的事情」，因為一輩子都被別人的價值觀綁住了，瞻前顧後，憂讒畏譏。

劉瑜在《已經太晚》中有一段話：「十五歲的時候，再得到那個五歲熱愛的布娃娃。六十五歲的時候，終於有錢買了二十五歲熱愛的那條裙子，又有什麼意義？」網路曾經流傳一張照片，一對老邁的夫妻終於到了威尼斯旅行，結果在美麗的貢多拉船上……他們老得睡著了，兩人橫陳癱倒在平底船上，無暇欣賞沿岸的古蹟美景，只有無奈的船夫站在船尾划動著，照片上有三個斗大字「太遲了」。

我依序補上「會後悔的25件事」，自我提醒只求活得久並非人活著的最終極目標，而是活出自我、追求夢想，最後不要為自己錯過的一切感到後悔：

二、沒有實現夢想；三、做過對不起良心的事；五、沒有盡力幫助過別人；六、過於相信自己；七、沒有妥善安置財產；八、沒有考慮過身後事；九、沒有回故鄉；十、沒有享受過美食；十三、沒有和想見的人見面；十五、一輩子都沒有結婚；十六、沒有孩子；十七、沒有看到孩子結婚；十八、沒有注意身體健康；十九、沒有戒菸；二十、沒有表明自己的真實意願；二十一、沒有認清活著的意義；二十二、沒有留下自己活過的證據；二十三、沒有看透生死；二十四、沒有信仰；二十五、沒有對深愛的人說「謝謝」。

這些臨終前「會後悔」的清單，真是令人遺憾，他們所傳遞的訊息，應該算是「其言也善」吧。然而這本書之所以受到重視，是因為提醒人們應該思索「人生最後的幾件計畫」，可以將這25件事項列入「提醒與警惕」參考明細，思考「換個活法」。當然，我們也知道有些人一輩子「只想漂泊，不想有答案」……我以為關於逆境、選擇、和解、死亡等生命議題。25件事其中兩項，非常值得讓人低迴和思索的——「沒有留下自己活過的證據」和「沒有對深愛的人說『謝謝』」。

勵志演說家萊斯・布朗（Les Brown），他曾經這般比喻：「想像你即將離世！」迴繞在你床邊的鬼魂們，有代表著「你未發揮的潛力」，有代表著「你未曾付諸行動的想法」，有代表著「你未好好利用的才華」，這些鬼魂在床邊看著你，他們滿懷憤怒、失望和沮喪，他們說：「我們來找你，是因為你本來有機會賦予我們生命的」，「如今我們只好跟你一起埋入墳墓了。」

臨終前會後悔的25件事，這是日本醫生對臨終病人的紀錄，我思索著「櫻花會不會後悔呢？」花朵最光采奪目的盛開時期，幾乎也等同凋謝。如果來不及年輕，那就從容老去。

被稱譽為日本經營之神的稻盛和夫，他在《生存之道》寫到自我期許：「這輩子你為什麼而來？比剛出生時更好一點！」臨終的人們，有沒有在他最後的光景，閃過這個念頭，自問「我有進步一些？」

度量生命不在活得長短，而在那些令人屏息的驚豔時刻——

稻盛和夫說，所謂地獄與天堂，只是誘導芸芸眾生言行向善的宗教概念。

但是，現在有一種「意識體」哲學概念，則稱之「所謂死亡，只是肉體的消滅」。它的定義是：「在宇宙的意志之上，加上過去世代造就的人格，再加上現世積累的經驗。它談的是，五覺之外，人還有『精神』，或是稱之『靈魂』。我無法輕易道盡全貌，或是深論這個深邃的宗教或是哲學，但是我知道『開始思考許多不同層次的問題，或許可以修正！』」

佛教有云：「人若欺你，天會護你。人若欠你，天必還你。」換另一種說法是「常保赤子之心，必有好事發生」。我則喜歡印度詩人泰戈爾所說的「不要著急，最好的總會在最不經意的時候出現」。人間的正道是「滄桑」，不必害怕挫折，任何事與願違，上天會用另外一種方式補償你。

稻盛和夫曾經比喻說「人生就是洗衣機」。這個有趣的說法，就是喜、苦、幸運、不幸都要不斷沖洗。人生不斷考驗著，就像我們的衣服不斷弄髒，然後我們再度清洗它、脫水它、烘乾它、燙平它。眼前的這一世，不論你擁有多少東西，往生時，無法帶走任何這一世的事物，這些都是要清算的。

如果有一樣是不滅的，那將會是靈魂！

稻盛和夫最終還是說到了「靈魂」。關於生命的正義，就是安心地等待，等待屬於你的季節，不嗔、不怒、不急、不燥……人生在世的目的，就是來「淨化」這個意識體，而所謂「淨化」，就是磨練靈魂、提升心性。

東嶽殿裡所祭祀的八百六十九歲彭祖或是十二歲甘羅，就是東方「死亡哲學課」的主概念：「度量生命，不在活得長短，而在那些令人屏息的驚豔時刻。」

不知當天那對在東嶽殿的法國夫妻聽懂了沒？

第二章

那些古人，他們死前說了什麼

人格＝性格＋哲學，一個先天具有，一個後天學得——

嚴肅的人會說：「性格決定命運！」瑞士精神學家、著名心理學家、分析心理學派的創始人榮格（Carl Jung）則更進一步闡述，他認為人格結構由三個層面組成：意識（自我）、個人潛意識（情結）和集體潛意識（原型）。能感知自我的「意識」，這個好懂。「個人潛意識」應該多少都聽過，這個不陌生。

至於「集體潛意識」是什麼？它和個人潛意識的區別在於：它不是人後天學來的，而是由種族先天遺傳的，而且它不是被遺忘的部分，而是我們一直都意識不到的東西。榮格曾用「島嶼」比喻：露出水面的那些小島是人能感知到的意識；由於潮來潮去而顯露出來的水面下的部分，就是個人潛意識；而島的最底層是做為基地的海床，就是我們的集體潛意識。

榮格認為集體潛意識的「原型」，跟「本能」差不多。我們每人的本能都不盡相同，那是我們的原型都不同。原型，就是人格的根本動力。認識榮格學說的心理學者，會覺得我解釋得太淺薄了，但是對於從來不認識「分析心理學」的人是需要消化時間的。

原型是由於我們祖先歷代沉積而遺傳下來的，不需要借助經驗的幫助，只要在類似的情境下，人們的行為就會和祖先一樣。學者們解釋，像是科學家阿基米德發現浮力定律、牛頓發現地心引力，或藝術家的神來之筆創造等等，就是原型在顯身手。

所以，如果你是一個壞胚子、多情種子、畏縮角落的隱形人、天生冒險家等等，大概可以說是那是歷代祖先沉積下來的「庇蔭」，沒有對錯，或者說沒有選擇，你成為今天的你，都是原型所造成的。但是榮格提醒人們，每個原型都具有「光明與黑暗」雙重性。所以，當它從潛意識的深處跳出來時，其力量的黑暗面就會引起虛妄的幻想。

接下來深論的是，榮格所謂的「人格的四合一」，他說人格主要有四個原型：人格面具和陰暗自我、阿尼瑪（男性身軀裡，其實生存著足夠陰柔的女性原型意象）與阿尼姆斯（女性嬌柔的靈魂中，也隱藏著屬於她們的那個男性原型意象）。這個學理很重要，但是我不是專家，這些東西留給心理學者解釋。

我卻想分享幾句榮格箴言：「人需要困擾，困擾是心理健康的必需之物。」宗教家的解釋是，沒有困擾，就沒有成熟；沒有迷茫，就沒有覺悟。「青春美酒並不總是隨歲月流逝而日漸清澈，有時它會日漸混濁。」這句話社會學家都知道，清澈者少，混濁者眾。「思想決定行為，行為決定習慣，習慣決定性格，性格決定命運。」這句話則是全民共識。

離世時，稻盛和夫所說「如果有一樣是不滅的，那將會是靈魂！」靈魂是可以帶走的，他說「我想帶著更美麗、更高尚一點的靈魂」。

我嘗試組合出一個結論：這一世，就是給我們提升心志的時間，也是我們修煉靈魂的道場。站在各自潛意識之上，我們會因為「生存方式」的磨練而出現「不同的光采」。我們的心志，可能變得高尚，也可能變得卑微。

人格＝性格＋哲學，性格是先天具有的，哲學是後天學得的。人格像是樹幹，它決定這株大樹的形象，碩大蒼勁、秀美妍麗、高聳曠遠、楚楚嬌小、儼然可敬、狼藉凌亂……面對未來的死亡，如何提升「心＋靈魂的品格」，應該是「我這輩子為何而來？」的答案之一。

我們來看看一些古人，他們在死前說了些什麼？詩人柳宗元與詩聖杜甫都是人格者，他們的晚年與死亡，留下不朽的詩文，最終成就了美麗的靈魂，我們也關注他們死前幾個月。

柳宗元在「永貞內禪」之後，開始貶謫生涯——

中唐文學家、哲學家、散文家和思想家柳宗元，留下六百多篇詩文，但是〈江雪〉最負盛名：「千山鳥飛絕，萬徑人蹤滅。孤舟蓑笠翁，獨釣寒江雪。」千年來大家都熟識，也知道他是「唐宋八大家」之一，但是對他的苦難與死亡卻全然陌生。

柳宗元出生於唐代宗大曆八年（七七三），二十一歲進士及第，名聲大振。不久，柳宗元的父親柳鎮去世，柳宗元在家守喪。二十四歲娶妻（柳宗元十三歲時，父親與好友楊憑所定下的娃娃親），二十七歲喪妻，二十九歲被任命為藍田尉（正六品），三十一歲被調回長安，擔任監察御史里行，這個職位使得柳宗元可以結識官場上層人物，其中有王叔文。王叔文是太子李誦的老師，地位尊崇。

柳宗元三十三歲時，唐德宗駕崩，當了二十七年太子的李誦終於繼位，史稱唐順宗，年號永貞。由於李誦繼位前就患中風，不能親理朝政，於是兩位李誦的老師王叔文、王伾共同協助管理朝政，他倆聯合幾位少壯派文人，積極推行革新，採取了一系列的改革措施，史稱「永貞革新」。柳宗元躊躇滿志，他與劉禹錫是其中之一的少壯派文人。

但是革新措施，觸犯了藩鎮與宦官的利益，隨著新皇帝的病情加重，這些既得利益集團反撲，於是順宗被迫禪讓帝位給太子李純，史稱「永貞內禪」。

新登基的二十八歲的李純，史稱唐憲宗，開始政治大清洗，於是「一百四十六天的永貞革新」化為烏有。王叔文被貶為渝州司戶，王伾被貶為開州司馬，王伾到任不久後病死，王叔文不久也被賜死。另外，還有八位士大夫，被貶斥到偏遠地區擔任「司馬」（刺史的佐官，在當時是一個無足輕重的閒差），史稱他們是「二王八司馬」，其中柳宗元被貶為「永州司馬」、劉禹錫被貶為「朗州司馬」……。

柳宗元：夢得兄，我的妻小拜託你了——

柳宗元到窮山惡水的永州（湖南省西南端，南嶺山脈北麓，瀟水和湘江匯合處），孤身一人，僅有老母作陪，可是不久母親水土不服，病逝永州。孤傲的柳宗元待在永州前後有十年之久，期間他寫了清麗雋秀〈永州八記〉等八篇經典散文作品，也有最盛名的詩作〈江雪〉、〈漁翁〉等，這些詩文透過柳宗元內心寧靜地描述，表達了他在革新失敗、自身遭受打擊後尋求超脫的心境，充滿了色彩和動感，境界奇妙動人，其中千古名句「煙銷日出不見人，欸乃一聲山水綠」尤為人所迷醉。詩歌原文：

漁翁夜傍西巖宿，曉汲清湘燃楚竹。
煙銷日出不見人，欸乃一聲山水綠。
回看天際下中流，巖上無心雲相逐。

元和十年（八一五）正月，唐憲宗把當年八位司馬（兩位已死，一位他遷）剩下的五位召回長安。柳宗元百感交集，在返京途中路過汨羅江，寫了〈汨羅遇風〉詩，慶幸自己命運更勝屈原，能夠重入京門。他可以為國家多做點事，結果，跟他想的不一樣。當他們回到長安，又受到其他官僚誹謗，而憲宗對他們餘恨未消。才一個月，就下令派他們為荒遠地區的州刺史：柳宗元為柳州刺史、韓泰為漳州刺史、韓曄為汀州刺史、陳諫為豐州刺史，好友劉禹錫則為播州刺史（後來改連州），官職雖然比「司馬」高了，可是卻更偏遠、更荒僻了。

暮春三月，四十三歲的柳宗元與四十四歲的劉禹錫，兩人帶著失望的心情，匆匆離開長安，他們一路同行到衡陽，盤旋幾天依依不捨。最終要分手了，柳宗元寫下〈衡陽與夢得分路贈別〉，「夢得」是劉禹錫的字，詩句有「十年憔悴到秦京，誰料翻為嶺外行」，〈重別夢得〉也有「二十年來萬事同，今朝岐路忽西東」。

當年六月，孑然一身的柳宗元抵達柳州（今廣西壯族自治區柳州市）。只見那裡山重水複，雜樹參天，人跡稀少，言語不通。柳宗元身處困境，為求子嗣，擇娶貧窮為妓的「馬室女雷五」姨媽。同時挽起袖子認真政事，拯救了上千名受害奴婢，讓她們獲得自由。

三年後，柳宗元四十六歲了。初到柳州時所栽種的柳樹，已經茁壯，樹蔭搖曳。他寫了〈種柳戲題〉，詩歌一開始，柳宗元有意運用似乎「繞口」的句式，兩句十個字，居然嵌入了四個「柳」字：

柳州柳刺史，種柳柳江邊。談笑為故事，推移成昔年。
垂陰當覆地，聳幹會參天。好作思人樹，慚無惠化傳。

簡譯詩句：人們會把在柳江邊「種柳樹的柳刺史」當作談笑的舊事，地方掌故又添一件。隨著時間流逝，今日也會變為往年。濃綠的柳蔭當會覆蓋大地，聳立的樹幹將會聳入天際。到那時，人們見樹也許會興起懷念，慚愧的是我沒有什麼良好政績可以流傳。

元和十四年，深秋，四十七歲的柳宗元病倒了。病逝前，他分別給摯友劉禹錫、韓愈寫信託孤：「夢得兄，我的妻小拜託你了……。」柳宗元死時，長子周六，年紀三歲；次子周七是遺腹子。劉禹錫收養了柳周六，他在〈祭柳員外文〉有文字「誓使周六，同於己子」；

韓愈則收養了柳周七。

後話：唐宋八大家，他們先後掀起的古文革新浪潮，將古代散文史的水面吹攪個天翻地覆，使得散文發展的陳舊面貌煥然一新。唐朝的先驅是韓愈、柳宗元二人，並稱「韓柳」，韓文古，柳文秀。劉禹錫長了柳宗元一歲；韓愈則長了柳宗元五歲。

杜甫：正是江南好風景，落花時節又逢君——

杜甫的父親二十八歲時，娶了當時士族中著名的清河崔氏，兩年後生下杜甫。從父系母系的家族背景推算，杜甫小時候的生活還算優越。但是他三歲時母親去世，父親將他交給住在東都洛陽城的二姑媽撫養。二姑媽是個賢慧的人，對杜甫的思想性格形成有很大的影響。

在洛陽的姑媽家，有一位年紀稍小於杜甫的表弟，兄弟兩既是同學也是玩伴。一次洛陽流行瘟疫，許多人死亡，這兩個小兄弟也染了病，姑媽急得尋找已經藥材短缺的治病良方，但是都無起色。杜甫有一段文字，記錄當時的情況：「甫昔臥病於我諸姑，姑之子又病，問女巫，巫曰：『處楹之東南隅者吉。』姑乃易子之地以安我。我於是存，而姑之子卒」。這段話的翻譯，女巫說：「躺在房屋東前柱南角的孩子就能活。」姑媽便把表弟床的位置與我換了，使我得到安全，但是表弟最後死去。

這是杜甫第一次與死神差身而過，對杜甫的幼小心思震動甚巨，他體會到做人就要像姑媽一樣常想著別人。這件舊事，在二姑媽去世之際，杜甫寫著她的墓誌銘，當寫到「我病癒而表弟死……」時，他再也寫不下去，伏在案頭上痛哭。

杜甫小李白十一歲，他倆分別代表了唐朝上升的時代和下降的時代。

安史之亂讓大唐的百姓顛沛流離，杜甫一家人也是，淪落、逃難、輾轉、漂泊都是常態。我們僅說說他人生的最後一年，大曆五年（七七〇），杜甫五十九歲（李白已經去世八年）。

三月暮春，杜甫一家漂泊於潭州（治所在今天長沙市），他與流落江南街頭賣藝維生的李龜年相遇，留下一首〈江南逢李龜年〉：

岐王宅裡尋常見，崔九堂前幾度聞。

正是江南好風景，落花時節又逢君。

李龜年是開元、天寶年間的著名樂師，大唐首席歌男，深受唐玄宗的寵幸而紅極一時，他是杜甫的舊識。詩中「岐王」是李隆基的弟弟，名叫李範，雅善音律。詩文裡的「崔九」則是崔滌，唐玄宗身邊紅人，曾任殿中監。

整首詩的譯文：當年在岐王宅裡，常常見到你的演出。在崔九堂前，也曾多次欣賞你的歌聲。沒有想到，在這風景怡人的江南，正是暮春落花季節，巧遇你這位舊識。全詩僅僅二十八個字，文字明白，然而詩句所涵蓋的正是難以言喻的滄桑之感。而這首詩，竟成了他最後一首膾炙人口的七絕。

四月，潭州又有叛事，湖南兵馬使臧玠舉兵為亂。杜甫連忙帶著妻小準備逃亡郴州，準備投靠舅父崔偉。剛進入湖南境內，到了耒陽，被阻五日，不得食物。耒陽縣令得知此消息，準備小舟迎接，下令贈饋牛炙白酒給杜甫。幾天後，杜甫死了。死因不是很清楚，最有可能是醉酒，從舟中落水。

杜甫在去世前一天，仿佛知道自己大限將至，於是便在漂泊的小舟中寫下了人生最後一首詩〈風疾舟中伏枕書懷三十六韻奉呈湖南親友〉，對自己的一生做了總結，他在詩中敘述了自己的病情，回顧了半生顛沛流離之苦，並向家人親友託付了後事，充滿著淒切動人的家國之憂。

軒轅休制律，虞舜罷彈琴。尚錯雄鳴管，猶傷半死心。
聖賢名古邈，羈旅病年侵。舟泊常依震，湖平早見參。
如聞馬融笛，若倚仲宣襟。故國悲寒望，群雲慘歲陰。
……

公孫仍恃險，侯景未生擒。書信中原闊，干戈北斗深。
畏人千里井，問俗九州箴。戰血流依舊，軍聲動至今。
葛洪屍定解，許靖力還任。家事丹砂訣，無成涕作霖。

人生蓋棺論定，一日未死，即一日憂責未已──

我們所熟悉的「蓋棺論定」成語，來自《明史．卷一八二．劉大夏傳》：「人生蓋棺論定，一日未死，即一日憂責未已。」人一生的是非功過，要到死後才能論定。這個成語有人稱之「蓋棺事定」，則是明朝的馮惟敏《耍孩兒．骷髏訴冤》曲：「自古道蓋棺事定，入土為安。」

這個死亡哲學說的是，人生必須在揭去最後一頁，嚥下最後一口氣，才能被定論。歷史上，許多古人除了生平的言行受人景仰，尤其在那個即將闔眼時刻。雖然是幽微的一句話，隱隱有著他們的性格態度與哲學信仰：

唐朝長孫皇后向唐太宗說：「不要忘了我！」

唐朝皎然僧對陸羽說：「我近來常常夢見佛祖，祂說祂身邊需要一位詩僧。」

唐朝名將李光弼：「我一直在軍中領兵作戰，沒有侍養老母親，實為不孝之子，哪有什麼顏面談後事啊！」

北宋王安石最後一首詩：「欲問老翁歸處?帝鄉無路雲迷。」

北宋蘇東坡最後一句話：「西天也許存在，不過設法到那裡也沒有用。」

陸游最後一首詩：「我死後如果王師收復了中原，記得到墳前告訴我。」

辛棄疾在晚年說：「欲說還休，卻道天涼好個秋。」

如果是忠臣烈士，在亡國或是戰敗之際，他們受俘，面對強敵斧鉞加身的威脅，抵死不降的時刻。最後一刻，他們在凝視死亡的時候，錚錚之言更令人動容。

唐朝顏杲卿：「我是大唐的臣子，守忠義，恨不斬汝以謝上！」

唐朝顏真卿：「生死已定，何必如此多端相辱侮！」

唐朝張巡：「我為君父而死，你投靠叛賊，乃是豬狗，怎能長久！」

北宋衛融：「大丈夫死或重於泰山，或輕於鴻毛，今之死正其所耳！」

南宋岳飛：「天日昭昭！天日昭昭！」

南宋文天祥：「而今而後，庶幾無愧！」

明朝方孝孺：「死即死耳，詔書不草！」

逝者已矣，幾千年來他們的形象卻在民間屹立不朽，也都被百姓升格為神明了，朝夕馨香敬意。這是英雄崇拜，這也是百姓對他們的崇尚道德，獻上最高的致敬。端午節水神屈原的故事，大家都耳熟能詳了，我們來瞧瞧另外兩個水神的故事：項羽與伍子胥。

吳越之爭，被賜死的伍子胥，最終成了水神——

勾踐與范蠡君臣二人，開始重建越國，十年生聚，十年教訓。另外一邊的吳國，夫差卻不耐煩伍子胥的忠言逆耳，找個「伍子胥把兒子留置齊國」其心可疑的理由，派了使者前去伍子胥家，賜贈「屬鏤劍」！這個舉動，就是要伍子胥以此劍自盡。

伍子胥仰天嘆道：「嗟乎！讒臣嚭為亂矣，王乃反誅我。」宰相伯嚭才是亂源啊！夫差大王竟然聽信他的讒言，要我自剄！死前，伍子胥交代家人兩件事，當是遺言：一是「抉吾眼懸吳東門之上，以觀越寇之入滅吳」，把我的眼珠子挖出來掛在城門上，我要看越國滅了吳國。伍子胥的怨恨，充滿詛咒。「抉目吳門」的成語即出於此處。

遺言二是「必樹吾墓上以梓，令可以為器」。古人在墳前都會栽植大木以馨香亡者魂魄，像是孔子墳前子貢種了楷木，至於諸葛孔明墳前則是柏樹，岳飛墳前有檜木，鄭成功墳前則是梅樹。伍子胥倒是要求自己的墓塋前要種「梓木」。梓，不怕潮霉，不畏乾裂，不懼蟲蛀，是活字印刷時字模的優良材質，所以有「付梓」的用語。同時它是古時帝王的棺柩用木，稱之「梓宮」。伍子胥的意思是：未來要用他墳前的梓木，當是夫差的棺材！

聽到消息，夫差氣爆了！刨出伍子胥的屍骸，將其屍體斬為數段，裝在皮口袋（鴟夷）之中，拋入錢塘江。結果，屍骸丟入江中剎那之間，大江立刻波濤洶湧（即是著名的錢塘大潮），從海門山滾滾而來，越過錢塘魚浦，波浪才漸漸減弱。百姓傳說，錢塘大潮之際，有時可以看到伍子胥乘白馬素車站在潮頭。一代忠臣，就此化作百姓心目中的「濤神」。

今天「水仙宮」廟裡所祭祀的五位「水仙尊王」，其一即是伍子胥，這就是他成了水神的緣由。二千五百年後百姓依舊感念他，香煙裊裊。

後話：

春秋時期驚心動魄的「吳越之爭」結局。伍子胥死後，十年期間，兩國戰事不斷，吳國的國力漸漸消耗殆盡。公元前四七三年底，最後決戰到來，首都姑蘇城被勾踐興兵攻破，夫差被圍困在吳都西面的姑蘇山上。

最終，夫差被擒，吳國滅亡了。勾踐不殺夫差，他的命令是將夫差下放到甬東軟禁，僅僅領有百家小邑的收入以養老。已經當了二十三年吳王的夫差，哀鳴著：「孤老矣，不能事君王也。吾悔不用子胥之言，自令陷此。」自殺前，夫差用三寸帛矇住自己眼睛，他說他沒有臉在九泉之下去見伍子胥，「遂自剄死」。

項羽：吾聞漢購我頭千金，邑萬戶，我送你個人情吧！——

六年的「楚漢爭霸」的歷史大戲即將落幕了。棒球第九局下半，最後的決戰：劉邦與項羽即將在垓下開打。

項羽的大軍被圍困。當時的漢軍戰陣是以韓信居中，當是主力，他手下兩位將軍分別布陣左右，而劉邦則在韓信的後方，說是支援，其實是觀戰。韓信與項羽先對戰一場，平手，不分上下，韓信左右將軍隨後率軍包抄，加入戰場，韓信再回殺過來，三面合擊，項羽大敗，身陷「十面埋伏」。

「十面埋伏」的成語即是說：漢軍把項羽的楚軍圍在垓下，陣地愈壓愈縮小，最後楚軍只剩下十幾個村落地盤。韓信知道項羽驍勇善戰，所以採取了步步為營，十面埋伏戰術，讓被圍困的項羽衝來衝去，卻是無法衝出重圍。

接著是「四面楚歌」成語的歷史關鍵場景：張良用計，調來大批軍馬圍在楚軍營帳的四周，夜間雙方停戰休歇，漢軍大唱楚國歌曲，歌聲悲淒，餘音不斷。項羽大驚，問道：「難道劉邦真的占領了楚地？否則漢軍裡怎會有這麼多的楚國人？」而楚國士兵聽到四面八方傳來家鄉的歌聲，一個個都勾起了思鄉的情緒，不禁肝腸寸斷、黯然神傷。這一下子，楚兵軍心渙散，失去作戰的士氣。

夜幕低垂，兩軍停戰之際。項羽以為漢軍已經占有楚地，在帳中酌酒，對著虞姬唱起悲壯的〈垓下歌〉：

力拔山兮氣蓋世，
時不利兮騅不逝；
騅不逝兮可奈何，
虞兮虞兮奈若何。

項羽連唱了幾遍：「力量能拔山啊，英雄氣概舉世無雙，時運不濟烏騅馬不再奔跑！烏騅馬不奔跑，可將怎麼辦？虞姬呀虞姬，我將怎麼安排妳才妥善？」他的淚水潸然，左右侍者也都跟著落淚，沒有一個人忍心抬起頭來看他。美人虞姬應和著項羽，也一同唱歌，她拔劍起舞，含淚唱和：

漢兵已略地，四面楚歌聲。

大王義氣盡，賤妾何聊生。

為免後顧之憂影響項羽突圍，虞姬唱畢，於項羽面前自刎而死，這是「霸王別姬」的故事。「於是項王乃上馬騎，麾下壯士騎從者八百餘人，直夜潰圍南出，馳走。」天亮，漢軍才察覺項羽跑了，騎將灌嬰帶領五千騎兵去追趕。項羽奮力渡過淮河，部下壯士能跟上的只剩下一百多人了。項羽到達陰陵迷了路，問路農夫，農夫騙他說：「左！」項羽帶人向左邊走，結果陷進了大沼澤中，此時漢軍追上了他們。項羽只得領著騎兵向東跑，到達東城，這時身邊只剩下二十八人。後面的漢軍追兵則有幾千人。

項羽轉身對著僅存的騎兵說：「吾起兵至今八歲矣，身七十餘戰，所當者破，所擊者服，未嘗敗北，遂霸有天下。然今卒困於此，此天之亡我，非戰之罪也。今日固決死，願為諸君快戰，必三勝之，為諸君潰圍，斬將，刈旗，令諸君知天亡我，非戰之罪也。」

簡譯：「我帶兵起義至今已經八年，親自打了七十多戰，抵擋我的，全都被我打垮了，我攻擊的敵人無不降服，從來沒有戰敗，因而能夠稱霸，據有天下。可是如今最終被困在這裡，這是上天要滅亡我，決不是作戰的過錯。今天必死無疑，但是我願意給諸位打個痛痛快快的仗，一定勝他三回，帶領諸位衝破重圍，斬殺漢將，砍倒軍旗，讓諸位知道的確是上天要滅亡我，決不是作戰的過錯！」

面對團團圍住的漢軍，項羽豪氣地說：「吾為公取彼一將。」我先幫你們拿下一名漢將，同時命令騎兵分四路飛奔而出，約定衝到山的東邊，分作三處集合。最後反撲的項羽和騎兵一起衝出，漢軍像草木隨風倒伏一樣潰敗了。項羽到了集合點，楚軍只折損了兩名。但是漢軍很快地又聚合，逼近，項羽又驅馬殺了過去，斬殺了一名漢軍都尉，殺死漢軍有百八十人。

此刻，項羽準備東渡烏江。在津頭有烏江亭長正停船靠岸等在那裡，對項羽說：「江東雖小，地方千里，眾數十萬人，亦足王也。願大王急渡。今獨臣有船，漢軍至，無以渡。」這艘小舟是項羽的一線生機，渡江回到楚地的最後機會。

項羽卻改變主意，笑了笑說：「天之亡我，我何渡為！且籍與江東子弟八千人渡江而西，今無一人還，縱江東父兄憐而王我，我何面目見之？縱彼不言，籍獨不愧于心乎？」上天要滅亡我，我還渡什麼烏江！再說我和江東子弟八千人渡江西征，如今沒有一個人回來，縱使江東父老兄弟憐愛我，繼續讓我做王，我又有什麼臉面去見他們？縱使他們不說什麼，我項羽難道心中沒有愧疚嗎？說完把他的坐騎送給了亭長：「吾騎此馬五歲，所當無敵，常一日行千里，不忍殺之，以賜公。」

故事在這裡暫停一下，先介紹這匹「烏騅馬」，牠通體烏黑，猶如黑緞子一樣，油光放亮，唯獨四個馬蹄子白得如雪，這樣的馬有個講頭，名喚「踢雲烏騅」，踩在白雲上的黑馬。項羽把牠交給亭長，不料烏騅馬咆哮跳躍，回顧項羽，戀戀不欲上船，項羽見馬流連不捨，也是涕泣不能言。一些軍士攬轡牽馬上船，烏騅馬長嘶數聲，往烏江波心一躍，不知所往，上演了一曲悲歌。

烏騅馬投江，項羽轉身，命令殘餘的騎兵下馬，步行抗敵，手持短兵器與追兵交戰。場面悲壯而且血腥，僅憑著項羽就殺了漢軍幾百人，他自己也受傷多處。項羽凝神看見漢軍之中，有同鄉舊識呂馬童。項羽向他喊說：「你不是我的老朋友嗎？」呂馬童這時才不得不跟項羽眼神對上，小小時間靜默，呂馬童指著項羽，轉頭對一旁的王翳說：「這才是項王！」……這是相惜英雄的口吻。

項羽對呂馬童說：「吾聞漢購我頭千金，邑萬戶，吾為若德。」我聽說漢王用黃金千斤，封邑萬戶懸賞徵求我的腦袋，我送你個人情吧！說完，項羽便自刎而死，得年三十一歲。

後話：

「楚漢爭霸」落幕，最終，劉邦贏得大漢王朝的江山，項羽則在漢風楚雨波瀾壯闊的爭霸中，贏得了詩名。如今劉家子弟鮮有祭祀大漢開基皇帝劉邦者，而兩千多年後代百姓卻依舊奉項羽為「水仙尊王」之一，饗有人間香火，馨香不絕。自刎的項羽，成了水神。那是百姓的同情與敬意，也是千年來的中國人集體潛意識，大家對項羽的戰敗自刎，有了與政治家、史學家不同的評價。寺廟裡，那些受人膜拜的神明們，也成了百姓死亡哲學課的圭臬對象。

死神混跡人群中，夜襲或接引，都是祂的日常——

星期日早上，看到作家朋友凌煙在臉書上說著「母親從急診處出院返家」的近事。她說：「人總是因為智慧不足，要在無常來臨時，才能體悟一些道理。年輕時忙著追求理想，青壯年時忙著事業與家庭，及至初老才稍微輕鬆些，就已到不得不面對人生最殘酷的老病階段，來這鏡花水月的世間走這一回，生老病死讓我們學習到什麼？」

她的臉書附有一張圖片，說著：「不要等到奄奄一息，才領悟無常。不要等到面臨死亡，才想到修行。」端詳一會兒，我想起二〇一八年底，楊索在「過於喧囂的孤獨」寫下：「五十二歲的名嘴劉駿耀、五十四歲的嚴凱泰、四十九歲的李維菁，處在盛年意氣風發的名人接連走了，引發對人生無常的慨嘆。」

她也說著：「其實，生生死死如潮起潮落，死神混跡人群中，夜襲或接引，都是祂的日常。」

「老人學」的英文Gerontology，是指研究人類老化的生理層面、心理層面和社會層面等等。台灣面對高齡社會，關於老人學的討論卻是貧乏。或許是我們過去的文化禁忌，對於老年與死亡，有說不出口的抗拒和害怕，從避諱到不坦然面對。

日本資深演員樹木希林的書《離開時，以我喜歡的樣子》中文版問世後，受到矚目；這本書在日本出版時，書名卻是《樹木希林的一二〇則遺言》。這本書顯得勇敢，作者樹木希林受到熱烈歡迎，引人遐思與探討。在她書中，樹木希林很坦然地面對老化與死亡。她說：「過了六十歲，就該要有過六十歲的樣子，應該要呈現出一種順應自然的人之美。」罹患乳癌的她也說：「年輕時，死亡並非日常，而如今，可非常真實感覺到自己是站在死亡的那一方了。」

作家陳文茜在《終於，還是愛了》書中，不諱言地談自己的死亡，她說：「我明白歲月不斷添加我的疾病，過去我一次又一次從鬼門關前溜了。但是總有一天，我會被它抓住，我不會一直那麼幸運。」

第四章

從古人的貶謫，說說中年後失業

現代的失業，古人的貶謫，都是生命的頓挫——

三月櫻花開落之際，是日本的畢業季，是畢業生找工作的時候，也是公司人事升遷、降職波動的月分。這是日本人自殺潮的第二高峰（第一高峰是九月，開學的前一天），升遷當然開心，降職者再接再厲，至於失業的人們，尤其是「後中年」的失業者，則是人生嚴肅的大課題。日本社會學家山田昌宏說：「自一九九八年起，自殺案件年齡成長最大的區塊，就是那些被遺散或生意失敗的中年人或年紀更大的人。」

它牽扯到「心緒智能」。

「財新網」專欄作家陳嫦芬，她多次提到「優化職場與生活品質」的觀念，其中的「心緒智能」就是重點，「情緒」與「心」就是議題。「此二者決定了每個人的生命方向、決定了每個人的生命質量；我們職場的最終表現，其實也是由它們所掌控。」她說：「管理好『情緒』與『心』實在是門關鍵的必修課。我認為：無論是在生活或工作中，每個人都應該用『心』，隨時察覺自己的『緒』，再以儘可能的『智』，調節並提升自己的『能』。這便是我對『心緒智能』的解讀。」

我簡化她的說詞：「從心、察緒、用智、加能，就是心緒智能」。

管理學提出了ＥＱ一詞，全稱是Emotional Quotient，教導大家如何應對人際關係上的困擾。這個困擾多是「人的情緒」所引發，我們的情緒有時是跟他人互動所引起，有時是跟自己生悶氣所致。現代管理學有許多「待人處事」的理論，其根本仍在於能否參透人與事之間交互運作、心緒相互影響的本質。然而，這個命題不是現代人的新課題，千百年來，古人們也不斷地面對它，浮沉其間，有人可以笑傲挺立，有人卻是灰飛煙滅。

中學時，常常在國文課、歷史課讀到誰誰誰被貶謫之後，驚疑終日，抑鬱而終。年輕時，正是我的英雄夢起飛之際，沒有職場經歷也無生命歷練，總是納悶那些人怎麼不知「磨練魂魄」？創作歌手、詩人李歐納・柯恩（Leonard Cohen）說：「萬物皆有裂縫，便是光投射進來的地方。」孟子不也說過：「天將降大任於斯人也，必先苦其心志，勞其筋骨，餓其體膚，空乏其身，行拂亂其所為，所以動心忍性，增益其所不能。」這個道理，他們不懂？年輕的我，有這樣的納悶。

隨著歲月增長，我也開始咀嚼「頓挫與失落」的滋味，多次梳理「失敗與後悔」，知道了人是與後悔密不可分的生物。「後悔」是心靈上的痛苦，它是有程度差別的，也是人生中「種種未能解決的問題」。然而「問題的解決能力」，又牽扯到更多的心理能量與心態，它包含不同的年齡層的經歷，和自己長年累積的心智與勇敢。

美國漫畫家卡爾文在他的作品裡說：「當你不知道要罵什麼髒話的時候，會更難承受生活中不如意的事。」

丹佐・華盛頓說「早一點失敗吧」——

丹佐・華盛頓（Denzel Washington）在二〇一一年的賓州大學畢業典禮，他說「為什麼你應該趕緊去失敗？」這位奧斯卡金像獎得主先舉出自己早年不斷失敗的往事，接著問台下的畢業生：「你是否有接受失敗的勇氣？」他說如果你不曾失敗過，代表你從未盡力過。如果你想獲得你不曾擁有過的東西，你必須嘗試你從未做過的事，不要怕失敗，即使是「愛」！

早一點獲得失敗經驗，趁早得到「失敗後的抗體」。

他的演講，其實說出另一個人生祕密——「晚一點成功，更好」。那是一種思辨——「人生該先苦後甘，還是先甘後苦」的纏繞。紀曉嵐在《閱微草堂筆記》深刻描述「甘與苦」先後的感受：「人生苦樂，皆無盡境。人心憂喜，亦無定程。曾經極樂之境，稍不適則覺苦，曾經極苦之境，稍得寬則覺樂矣。」

「早一點失敗吧」，其實對在學校裡中等班、末段班的學生來說，「認識失敗」已經是基因的一部分，不需特別叮嚀。丹佐・華盛頓所呼籲的，是針對那些菁英班、未來的人生勝利組。他們畢業後，一路平步青雲，有一天在高處跌落下來，已經不是鼻青臉腫那麼簡單了。但是「早一點失敗」說法，除了先有抗體，重要的是「先學得對失敗的反思」，那是一種很有意思的「經驗智慧」，一帆風順的人們是不會懂的。

卡爾加德說《大器可以晚成》——

《大器可以晚成》作者是里奇・卡爾加德（Rich Karlgaard）。他是誰？

他是一位洗碗工，最後是《富比世》雜誌（*Forbes*）的發行人。

二十五歲時，他只是夜間警衛，唯一的鄰居是條狗，還會跟人打架；四十四歲時，他成為《富比世》發行人；六十五歲時，他出書說自己這一生最重要的體悟是：「晚一點成功，更好！」

退休後，他試圖找尋自己「晚出發，仍能達陣」的原因，於是有了兩個有趣的發現：第一，「人，原來到二十五歲才算成熟」。人類二十五歲才成熟，意思是「後青春期」才能發展出洞見力，那是所謂的「開竅」。「後青春期」約是十八至二十五歲，有些心理學者更延長到三十歲。

第二，成熟的人，有多數年輕人不如的「晶體智力」。人愈老，還會更聰明。年紀漸長的我，真高興聽到這樣的言論。其實腦神經認知研究發現，人類具有兩種智力，一是流質智力（fluid intelligence），一是晶體智力（crystallized intelligence）。

「流質智力」強調歸納及演繹，它會在年輕時候達到高峰，然後隨著年齡增長而下降。至於運用知識及經驗的「晶體智力」，卻會隨著年紀漸長而上升增累，這就是為什麼創業高峰多落在四十多歲。他們的情緒管理、傾聽能力、幽默感、同理心、責任判斷、擬定複雜計畫、風險評估能力都已成熟。我四十多歲時，一次的自我察覺，發現近年來「我變聰明了」，原來我不是唯一，而且算是晚熟，屬於「四十不惑」一族，哈哈。

丹佐·華盛頓說得真好，那是四十歲之前。里奇·卡爾加德則說的是四十歲之後。

諾貝爾獎得主，平均年紀五十八歲。一般來說，獲得諾貝爾獎時，科學家的年齡一般在五十至七十歲之間，甚至還有一些八十多歲的獲獎者，比如，二〇〇七年諾貝爾經濟學獎獲獎者里奧尼德・赫維克茲（Leonid Hurwicz）在獲獎時，已經九十歲的高齡了。九十六歲的物理學家亞瑟・亞希金（Arthur Ashkin）和另外兩位科學家則獲得二〇一八年諾貝爾物理學獎，他成為獲獎時史上年齡最長的諾貝爾獎得主。

范仲淹自笑，六次貶謫能活下來應該是「耐窮」吧！——

古代文人對於貶謫，那是當時的所謂「重大失敗」，那是「被否定、被羞辱」的歷練。范仲淹一生有六次貶謫，他曾經分析自己沒有被貶謫擊倒，應是「耐窮」吧！苦笑、無奈、淡化、不再糾葛……四十一歲時得罪皇太后、四十六歲時得罪宋仁宗、四十八歲時得罪宰相呂夷簡、五十七歲慶曆新政失敗，與一缸子好友被貶謫四方……途中，范仲淹與小他十九歲的歐陽脩，喝酒對吟〈剔銀燈〉，對生命有一番領悟：

昨夜因看蜀志，笑曹操孫權劉備。
用盡機關，徒勞心力，只得三分天地。
屈指細尋思，爭如共劉伶一醉？
人世都無百歲。少癡騃、老成尪悴。
只有中間，些子少年，忍把浮名牽繫？
一品與千金，問白髮如何迴避？

這兩位前後代大文豪對於「挫敗」完全不介意，甚至曠遠豁達。之後，范仲淹在鄧州寫了〈岳陽樓記〉、歐陽脩在滁州寫了〈醉翁亭記〉，兩人留下千古名文。

然而當時邀請范仲淹幫忙寫〈岳陽樓記〉的「貶官」滕子京，在岳陽樓重修落成之日，他僅僅「痛飲一場，憑欄大慟十數聲而已」。謫守三年岳州之後，調任蘇州。可惜，才三個月時間新職，五十六歲的滕子京不敵慘淡心情，抑鬱而終。

亞里斯多德說：「對一切萬物，重要的不是看，而是怎麼看！」

王陽明，被貶到貴州龍場驛擔任村長——

歷史上被貶謫的文人如過江之鯽，明朝王守仁也是其中之一。他被貶到貴州龍場驛擔任村長，窮鄉僻壤，蛇虺成堆，瘴癘蟲毒，湫隘卑濕。簡單地說，就是日子貧苦艱辛，生活條件極差。有一天僕人生病了，王守仁幫他煎藥、煮稀飯，甚至擔心他抑鬱積懷，還要講笑話逗他開心。結果這次貶謫卻成就了哲學史上重大事件「龍場悟道」：他的「知行合一」和「致良知」的學術思想，至此對後世產生了重大影響。我真喜歡當時他領悟後的一段名言，對我頗有啟發：

爾未看此花時，此花與爾心同歸於寂。

爾來看此花時，則此花顏色，一時明白起來。

便知此花，不在爾的心外。

四十三歲蘇東坡第一次貶謫在黃州，他的調適與成長——

四十三歲時被貶謫到黃州的蘇軾，遠離朝廷政敵的陷害，開始自樂喝村酒，享受村民並不認識他的鄉野，「自喜漸不為人識」，他開心地丟掉「偶包」。蘇東坡至黃州後酒量大增，「吾少年望見酒盞而醉，今亦能三蕉葉矣」。他會買些當地的橘子、柿子和長山芋回家，水上運費便宜，一斗米只要二十錢，羊肉比美北方的豬肉和牛肉，兔肉很便宜，魚蟹幾乎不要錢。兩年後，他曬得黑了，也動手建築了簡陋的雪堂書房，自稱「東坡居士」。

期間他寫了前後〈赤壁賦〉等驚人能量的文章，更在三月七日春末，在沙湖道上趕上了一場大雨，拿著雨具的僕人先前離開了，同行的人都被淋得如喪家之犬，深感狼狽，只有蘇東坡不這麼覺得。天晴後，他寫了後世文人「失業療癒」的〈定風波〉，整理了自己「貶謫後的心情」，平淡從容中帶有坦然樂觀的豁達：

莫聽穿林打葉聲，何妨吟嘯且徐行。

竹杖芒鞋輕勝馬，誰怕？一蓑煙雨任平生。
料峭春風吹酒醒，微冷，山頭斜照卻相迎。
回首向來蕭瑟處，歸去，也無風雨也無晴。

人生三個階段的失業，復健時間與強度都不一樣——

關於現代人的失業，我們來探討「痛苦指數」。有英國經濟學者說：「失業就像是頭痛或發燒，令人不愉快又筋疲力盡，但它卻沒有任何原因可以解釋。」

年輕時的失業，會比較瀟灑，此地不留爺，自有留爺處，頭痛發燒復原得快，同時，已經有了「失業後抗體」。一九九六年，二十四歲的木村拓哉所演的日本連續劇《長假》（ロングバケーション），劇中的他是謹慎潔癖的小男人，夢想當鋼琴家，但卻只是個鋼琴老師。但是他對失業、失去積蓄又被騙婚的女主角山口智子，說了：「失業，把它想成長假，就當是上蒼的獎賞吧。」

對於中年之際的失業，面臨三明治年紀的壓力，可以迴旋的空間少了，換跑道需要計畫，感覺時間已經不是站在他這一邊了。關於中年，它是「人生地殼變動」的時間，驚覺父母老了，也發現身體零件已經開始鬆動，自己將人生奉獻給家人，回過頭卻發現「沒人需要我」，夫妻的親密不知在什麼時候已經淡泊，孩子半大不小，卻已經有自己的生活。夫妻各自有了「隱隱浮現失去角色的失落感」，空巢期來臨，這樣的感受更加強烈。期間，自己對未來何去何從，焦慮感偶爾來敲門了，低潮時，甚至感到人生索然無味……如果這時失業了，為他人付出一切的「被害者意識」往往噴井而出。所謂「哀樂中年」時代，正式來臨。失業，多了許多不可承受的痛！

至於中年後的失業，往往伴隨對未來的茫然與焦慮，從被他人否定、自我否定，最後成了絕望，他們對新環境適應力差，對陌生的新職場是恐懼的，丟臉與驚慌是副作用，憤怒與哀傷則是過程，「人生看不到希望」則是最大的沉淪。美國總統雷根（Ronald Reagan）說：「鄰居失業是經濟不景氣。你失業就是經濟大蕭條了。」

憤怒與絕望之後，該想想美國作家貝蒂・班德（Betty Bender）所說的：「當人們失去工作時，他們不該把心留在家裡。」也同時思考法國作家阿爾貝，卡繆（Albert Camus）所說：「沒有工作，生命會腐朽。但工作沒有靈魂，生命就會窒息而亡。」我們應該靜下來，重新爬梳「生命與工作」之間取捨，它對我們過去的、未來的意義。

「位子」是廣泛的說詞，它是經濟的保障，也是被需求感的滿足，有了它，代表你已經獲得某些公司的信任，生活重心有了支柱。在職場，應該沒有人會相信「江湖有正義」，但是「猝然被剝奪位子」，對許多人而言是大頓挫，心靈有個轟然破洞。所以我們明白了為何丹佐・華盛頓要對年輕的畢業生說「為什麼你應該趕緊去失敗？」失敗需要練習，懊悔之餘要有自知之明，年輕時要先得到「失敗後抗體」，減少讓自己在中年後、老年陷入絕境。

如果是年輕時的軟性失業，挫敗感或許還好。如果是中年後的硬性「被退休」，一陣錯愕之後，應該快快停止哀痛、恨怒、失落的情緒。靜下來「問自己，想要怎樣的人生？」思考什麼是「值得」的人生，給自己重新靜心學習、耐心沉澱的機會。過去總是因為忙碌，沒有時間與自己靜處，忘了追求「大心」。

如何追求大心？變化氣質！工作不是人生的唯一，台大教授郭瑞祥說：「中年後，把時間留給快樂、健康和最重要的人。」中年失業，或許你的人生多了「聽看聽」的契機，「多一點時間給自己」應該是答案。

心胸能夠愈來愈寬大，視野就會愈來愈寬廣。陶淵明在不為五斗米折腰之後，採菊東籬下，他成了花農。鄭板橋在領悟了「難得糊塗」之後，罷官，他去揚州當街頭畫家。似乎不管哪個年代，哪個年紀，「斜槓人生」都是個好方法。不管是專業或是興趣，甚至新的人生使命，只要可以快快擺脫中老年失業的痛苦深淵，才能開創快意人生。

美國前教育部長雪莉・赫夫斯特德勒（Shirley Hufstedler）說：「光是站在場邊啜泣跟抱怨，不會讓你有任何進展，進步是透過實踐想法而來的。」美國演員莎拉・布朗（Sarah Brown）戲謔地說：「有史以來，唯一一個坐著就可以成功的是母雞。」

每個人都有自己的「發展時區」，成功時差是常態——

二〇一八年，美國網路流行一首「小詩」，或許值得在追求「職場素養」的人們參考，也讓「心緒智能」多了一種詮釋的方式。我也以為，它可以讓在職場徘徊的人們懂得所謂「心理強度素質」就是這般。這個年代，我們都太需要療癒了：

紐約時間比加州早了三個小時
但加州時間並沒有變慢
有人二十二歲就畢業了
但等了五年才找到好工作
有人二十五歲就當上CEO
卻在五十歲去世
有人到了五十歲才當上CEO
然後活到九十歲

有人依然單身

同時，有人已經結婚

歐巴馬五十五歲就退休

川普七十歲才當上總統

世上每個人本來就有自己發展時區（Time Zone）

身邊有些人看似走在你的前面

也有人看似走在你的後面

但是，每個人用自己的時間前進在自己的路徑

所以，放輕鬆吧

「歐巴馬五十五歲就退休，川普七十歲才當上總統」，每個都有自己的路徑，成就的快慢早晚，這是人類永遠的議題。每個人的境遇、路徑、步伐、時區都大大不同，有人早慧，

有人中規中矩，有人大雞慢啼。早慧的可能只有小時了了，不快不慢的可能就一直平庸，大器晚成的怕的是時不我與。人生沒有標準的作業程序，成就也沒有所謂的「一分耕耘一分收穫」，成功沒有「絕對」只有「相對」，知足才是真諦。

面對任何年齡階段的失業，必須認知，它所帶來的失落與苦楚，也不盡相同。它是磨難，但也是機會，生命就是「等待正確的行動時機」，如此而已。失業，或許它就是「強迫」開啟的藍天大門，它是人生第二次機會、或是第三次機會，重新回到屬於自己的「舒適的時區」。中年後失業的苦楚更甚其他年齡階段，它需要更多的心靈雞湯、更多的心理建設，和更強大的免疫系統。

人生本來就是有磨難、歷練、煎熬，否則要天堂幹嘛！

孩子畢業了，一路拉拔他們的老師得了「產後憂鬱」——

有朋友擔任多年的學校導師，孩子們在六月時驪歌聲中畢業，她算是另類的「失業」了。多年來她疼愛的學生們即將走入另一個生命階段，而她在不捨又不得不放手的時刻，「哀號」說不要再當老師了，她引述說：

教書是一種暗戀
你費盡心思去愛一群人
結果卻只感動了自己

「揮一揮衣袖，不帶走一片雲彩。悄悄地我走了，正如我悄悄地來」，不只是情詩，也並非是瀟灑而已，而是沮喪中，要努力不要讓自己陷入「產後憂鬱」之中，不要再依戀，如果有依戀，也不要停滯太久產生質變。我以為剝奪、失落、終止……就是「一個結束」，油然產生的疲憊、失眠、空虛、茫然等等，都像是「產後憂鬱」。

產後憂鬱症是心理醫學的名詞，維基百科解釋：「婦女在生下孩子後，生理與心理因素所造成的鬱抑症」，症狀有緊張、疑慮、內疚、恐懼、抑鬱、脾氣暴躁、疲憊、失眠、食慾不振……至於心理因素，有太擔心新生兒的，有無法應付以後忙碌的生活的，還有「不能接受自身的新角色變化」。

「產後憂鬱症」所衍生的廣義說法，已非專用於產婦，還有「任務中止後，產生適應不良、迷惘、失落等等心理副作用者」。「斷然被結束」，如果沒有新軌道的銜接計畫，慌然與怯然，容易成了無底憂鬱深淵。

有一位美國職棒大聯盟紅襪隊的球迷，在見證了二〇〇四年紅襪隊在奮鬥多年之後，終於奪冠封王，高興了一個晚上，之後他感慨那是「一個結束」。他說就像你苦追一輩子的女生，突然答應跟你在一起了，你反而不知要如何回應，因為她再也不是「你以為你所愛的女生」了。目標一旦達成，襲面而來的是「產後憂鬱」的失落感，空虛和茫然也欺身而至。在追逐或是追求本身，我們往往忽略一路上的「過程」才是重點，勝利狂喜只是瞬間，悲劇卻是永恆。

年輕時我參加大學聯考（現在叫學測），高三時荒唐度日，最後時刻已經是「兵臨城下」，考前三個月我發奮圖強，閉門苦讀，居家管理，足不出戶。三個月期間只有讀書聲，沒有風聲雨聲，只有考試事，沒有國事天下事。結果，考試最後一堂結束，步出考場，突然一陣空虛，陷入沒有出口隧道的完全迷惘，沒有方向，不知「要去哪裡」。這個情緒，我花了一段時間才走出來，也梳理了「為什麼」，理解自己會猛然陷入深度迷惘的原因。

原來，準備考試的一路上，忘了要張望下一個旅行，我卡在下車的地方了。

我在職場學會的三個提醒──

如果沒有常常眺望遠方，只會低著頭苦幹，我們往往會困在一個「下車的地方」，找不到下一趟的旅行。年輕時的考後迷惘，我花了一些時間理得始末，有了這樣的領悟之後，學會告誡自己的「三個提醒」。

我自己設定的提醒一，可以全力以赴，同時「心有旁騖」。不要百分之百低頭，不要渾然投入單一目標，而忽略了「偶爾要抬起頭」看看周遭的風景。非洲大草原的瞪羚，牠們非常敏捷，奔跑時速可達每小時八十公里，長跑一個小時都不覺得累。當牠們低頭吃草時，也必然抬頭觀察四周，非常警惕。我們呢？怎麼只能傻傻地像工蟻悶頭苦幹呢？沒有任何危機意識？不知外面流動的空氣呢？

提醒二，可以同時擁抱新的夢想。要讓小夢想如泉水不斷湧現，否則眼前的水源乾枯時，突然斷水，會令人不知所措。美國總統威爾遜（Woodrow Wilson）說：「我們因有夢想而偉大，所有的偉人都是夢想家，他們在春晨的柔霧裡，或是在冬夜的爐火邊做夢。」我不是偉人，但是我懂得分擔風險、提前部署。埋頭工作之餘，我們要有新的夢想、新的前進，尋找新的星星。如果失業，已經準備好新旅程。美國勵志演說家吉格・金克拉（Zig Ziglar）說：「很多人有了一份職業，就不再找工作了。」應該就是提醒。

提醒三，不要讓自己習慣過去，依賴現在，否則會不敢出去、不敢冒險。比爾・蓋茲（Bill Gates）說：「人生不是學期制，你沒有暑假可以放，也沒有雇主有興趣幫你找到自我。」

一切自求多福，自己在職場萬一卡住的時候、麻木不動的時候，想想美國著名主播賴瑞・金（Larry King）說，他有一個自問五十年的問題：「我在這裡做什麼？」信念是永遠的北極星，它是不變的！其他的，要不斷移動、微調、更新，甚至偶爾回到初心再出發。

邱吉爾說：「不要浪費一場危機。」——

失業算是「人生跌了一大跤」，如果過去沒有失敗後的抗體、沒有事先想像跌跤情境，「自身的角色，有一天猛然變化了」，「結束或被結束」之後，往往就是襲面而來的痛楚，那是撕裂尊嚴的時刻。「玩完了」戛然到臨，心也就慌了。過去，如果在職場我們只會「全然看著眼前的目標」，當「慣性依賴」頓時消失時，如同在黑夜突然被強光照射的野鹿，就呆住了！難怪《菜根譚》提醒說：「君子閒時要有吃緊的心思，忙處要有悠閒的趣味。」平日裡就要懂得剛柔並濟，進退有節，鬆緊得宜。

關於「失業與被迫退休」，不管是被迫還是自願，早早得有抗體，在尚未發生前未雨綢繆。

怎能天真地相信永恆？希臘哲人赫拉克利特（Heraclitus）說：「世上唯一永恆不變的事，就是事件不斷地在改變。」

邱吉爾（Winston Churchill）說：「不要浪費一場危機。」司馬懿說：「大勝容易，善敗難。」這是東西文化面對「頓挫失敗」不同的哲學態度……仔細想想，道理卻是相通。

「事件」結束，不是終了，它是改變！不管是古人的貶謫，現代人的中年後失業、失婚，它能不能對人生產生實質有意義地轉彎，取決於自己的智慧，取決於有無學到一些事。

丹尼斯・普拉格（Dennis Prager）是一位廣播人，他說：「我曾經與許多快要死的人相處，從來沒有一個人說：『我唯一的遺憾就是沒多花點時間在辦公室裡。』」

第五章

退休前，前瞻理想老後的自己

宋朝柳永七十致仕，退休日子都依戀在青樓——

古人有言「大夫七十而致仕」，致仕就是退休，古代文官七十歲時「還祿位於君」，他們有退休金「食舊德」，漢朝時可以領三分之一，唐朝時得領二分之一薪水。

宋朝的大詞家、文學家柳永，他的作品受到愛戴，「凡井水處，皆歌柳永」。五十一歲的他終於揮別抑鬱不得志，考中進士，開心地寫下〈柳初新〉紀念。他描述當時的情況：新科進士們在朝廷的安排下，遊覽京郊皇上的御花園，他們魚貫成行，俊美如畫。御花園裡微風習習，桃花浪暖，大家如鯉魚躍入龍門一步登天，即將平步青雲。當遊完了御花園，結伴遊覽京城，又騎著俊美的馬匹飛馳，開封京城街區為之塵土飛揚。

別有堯階試罷。新郎君、成行如畫。

杏園風細，桃花浪暖，競喜羽遷鱗化。

遍九陌、相將遊冶。

驟香塵、寶鞍驕馬。

五十一歲柳永的第一份工作是浙江睦州的「團練使推官」，之後有十九年的地方與中央職場生涯。七十歲時，按照朝廷規定他要致仕了。退休後，柳永直接住進青樓裡，最終死在名妓趙香香家裡。他的退休生活模式是特例，美人窩是他的生命終點。柳永的後事雖無家人祭奠，但不是現代人的「孤獨死」，他的葬禮極其風光。最終由汴京城的歌姬、妓女合資為他大出殯，場面是全城妓女停業公休為柳永送終，魚貫執紼，墳頭上盡是鶯鶯燕燕，真是讓古今所有男子豔羨的驚人句點。

我要說的是，每人的退休生活大大不同，有暢快的、有低迴的、有要死不活的、有等死的……，也有像柳永這般的「理想老後的自己」。

唐朝白居易，退休日子都在洛陽香山寺——

五十八歲的白居易退休願望終於實現，選擇在洛陽展開退休生活。開始之際，他甚至高興地預告：「詩境忽來還自得，醉鄉潛去與誰期？東都添個狂賓客，先報壺觴風月知。」抵達洛陽不久，就收到老友崔玄亮從長安寄來的信，說他自祕書少監改任曹州刺史，辭謝不就，他也要退休回到洛陽。哈哈，白居易又是一陣開心：「倚瘡老馬收蹄立，避箭高鴻盡翅飛。豈料洛陽風月夜，故人垂老得相依。」有老友一起退休，這個晚年日子太好了。

回到洛陽履道里的舊居，白居易清楚自己生命途程有了新開始：

驛吏引藤輿，家童開竹扉。
往時多暫住，今日是長歸。
眼下有衣食，耳邊無是非。
不論貧與富，飲水亦應肥。

這首〈歸履道宅〉小詩所描繪的，也是我從職場退休三年來的心思，「不論貧與富，飲水亦應肥」，我讀得津津有味，也多了許多退休後同理心的共鳴與閒適心態的仰慕。白居易過去的詩文作品，秋天總是令人悲傷，但是退休後的他，心境感覺反而改變了，開始覺得秋高氣爽了。在洛陽香山寺山腳的伊水邊散步，別有一番妙處：

下馬閒行伊水頭，涼風清景勝春遊。
何事古今詩句裡，不多說著洛陽秋。

有的古人無法退休，有的退休之後依舊如履薄冰——

尉遲敬德是唐太宗麾下的首席戰將。貞觀十七年（六四三）二月，五十九歲的尉遲恭請求回家養老。他退休後，賦閒十五年，積極成就「斜槓人生」，忙著煉丹成了化學家，開始學音樂練古琴成了演奏家，還自己動手興建閣樓成了建築師。尉遲敬德是幸運的，他是難得退休生涯能夠如此「忙碌」而且多采多姿的。尉遲敬德最後逍遙離世，享壽七十五歲，陪葬於昭陵。

有些人就沒他那麼幸運了。他們向皇上提出退休，理由是「老病不堪」，可是老闆不准，最後他們鞠躬盡瘁於職位上。

狄仁傑是武則天的首席宰相，他申請退休多次，武則天不予批准（加碼晉封內史，兼宰相職），她體貼地不讓他行跪拜之禮，並向他說：「每當看到國老你跪拜的時候，朕的身體都會感到痛楚。」武則天還免除七十一歲的狄仁傑晚上在宮中值班的義務，並告誡官員：「如果沒有十分重要的軍國大事，就不要去打擾狄公了。」當年九月深秋，他帶著武則天對他深深的信任與眷顧，病卒於三陽宮宅第。

劉統勳是乾隆皇的首席軍機大臣，他也屢屢跟皇上說要「制式」，可是未果。來說說他最後的身影，乾隆三十八年十二月，他黎明入朝，至東門城外，轎子微側，死在轎內，享壽七十五歲。

劉秉忠是忽必烈的首席國師，他也請辭多次，希望到名山修煉仙道。一二七四年八月秋天，他陪同忽必烈到了上都（開平）避暑度夏，隨時接受忽必烈的政事徵詢。期間，他在南屏山別墅閒居之際，端坐，無疾而終，時年五十九歲。

張良是漢高祖劉邦的首席國師，大漢帝國建國後，他漸漸淡出政治。話說，劉邦猜忌心日重，開始殺戮開國之初的七個異姓王，張良深感自危，為了避禍急流勇退，辭官退休隱居山林。五十五歲的張良在隱居期間，依然低調忍氣，他知道即使遠離長安京城，劉邦一定仍然用某種方式監視他，所以，他經常採擷天然銀耳為食，表示自己的無欲與清白。

如果可以，在自己的「興趣」中培養出「儀式」——

北宋四大家之一蔡襄，晚年已經不能飲茶，卻仍然堅持每日烹茶，當是每天的必要儀式。一般人對於飲茶，往往解渴而已，只有心懷情趣的人，才能在烹茶之間，自得一片方圓。

民初周作人說了：「喝茶當於瓦屋紙窗之下，清泉綠茶，用素雅的陶瓷茶具，同朋友共飲，得半日之閒，可抵十年的塵夢。」人生需要準備的，從來不是昂貴稀有的茶種，而是一種喝茶的心境。如果你不喝茶，或是僅止於止渴，應該也能領略這番哲學吧。

儀式，興趣的儀式，可以讓我們明白「快樂，需要花腦筋」，也了解「幸福，需要反覆練習」。以前的人說，只要觀察一個人是看報紙的哪些版面，就可以預測他的壽命。現代的人，則可根據一個人的手機裡有哪些ＡＰＰ連結與他所占用多少時間，可以預測他的生命長度。

同樣地，我們根據一個人「興趣的儀式」有無，可以輕易知道他快樂與幸福的品質。

ＮＢＡ的金州勇士隊有一位精采的球員柯瑞（Stephen Curry），他受到世界球迷的喜愛，在激烈的球季進行中，他有一個「興趣的儀式」：評比所有球場所賣的爆米花！他自笑：「我真的上癮得很誇張。」ＮＢＡ總共有三十支球隊、二十九個球場。他說：「我對他們賣的爆米花，根據新鮮度、鹹度、奶油味，還有酥脆程度這四個項目做了評比。前三名是籃網、熱火、獨行俠，最差的是湖人與快艇的洛杉磯主場，我不知道發生了什麼事？」

「大部分時間都用來工作」的人，當他從事業退休了，手中的勞務全部結束了，終於可以把一輩子埋頭、彎腰的姿態，改變成站姿的時候，反而看到「真正的人生風景」，一定是陌生的，令他們惶惶不安的。我認識一些優秀親友，在職場上叱吒風雲，當他們「心不甘情不願」地退休了，如果心態沒有準備好，往往發現他們陷入混淆、失落的情緒，對於生活的未來一無所悉，於是他們開始摸索。如果，過去他「對生活沒有興趣」，那他將慘了。

有朋友笑著說他的退休生涯，目前的階段是「摸著石子過河」，他說退休前沒有「65＋，退休的黃金十年」觀念，不懂提前規劃。他是個幽默有趣的人，我猜他應該沒有問題的，很快就會理出「終活計畫」。如果他是屬於「一把乾枯無趣的竹掃帚」的人，我們也很快地就會看到他開始枯萎了。

我有一位退休多年的老友，每隔幾天就可以在 LINE 上收到他傳來的照片。如果貼的是美食照片，他說「人間煙火氣，最撫凡人心」。如果是大自然照片，多會補述他的生活哲學。

有次傳來兩張樹葡萄的照片，留言：「雖然我沒種葡萄，但我種的『樹葡萄』已經初長成。

一樣稱為『葡萄』但個性完全不同。樹葡萄長在樹幹上，果實偏酸，並不是令人期待的水果。這讓我了解每個人的天命不同，依著本性發展各自酸甜的滋味。遵循著價值性向做抉擇，羨慕別人所擁有的甜美多汁，還是歡喜感恩、用心品嘗自己的獨特個性？！全在一念之間，這裡面涵藏著決定這一世的生命情調！」

乾枯無趣 vs 幽默盎然，面對生命裡洄瀾或是寂寞——

《臨終前會後悔的25件事》有一個項目：「大部分時間都用來工作」，如果他是這樣「人生只有工作」的人，可以輕易推演出結果：「老年時，他容易成了一把乾枯無趣的竹掃帚」，因他沒有時間培養興趣。無法領略理想生活，無法察覺生活裡「每一哩路」風景都不同。如果有人贈他一句「中秋，送你一片月光浸染過的山與海」，他應該不知道你在說什麼？

乾枯無趣的反義字，應該是「情趣盎然」。

「幽默」則是「情趣盎然」的精髓昇華，能夠高度享受生命的種種酸甜苦辣，包含悲哀，但是又能快快擺脫愁苦，笑對人生。

馬克・吐溫（Mark Twain）說：「幽默本身的祕密泉源不是快樂，而是悲哀。」他進一步說明「唯有勇敢地正視苦難，才是真正幽默的人」、「天堂裡不會有幽默，因為那裡沒有苦難」。有一次，他因為看不慣國會議員在國會通過某個法案，因此在報紙上刊登了一個廣告，上面寫著：「國會議員有一半是混蛋！」報紙刊出，許多抗議電話隨之而來，這些國會議員可不認為自己是混蛋，紛紛要求馬克吐溫更正。馬克吐溫於是又登了一個更正啟事：「我錯了，國會議員，有一半不是混蛋。」他的幽默，也是我們喜歡他、懷念他、尊敬他的理由之一。

達賴喇嘛在新德里印度中心，參加一次紀念講座，題目是「談慈悲同情心」，期間他被問到「你是如何永遠保持微笑與快樂？」達賴喇嘛回答：「我有特殊的藥丸來保持微笑與快樂。」大家哈哈大笑，他接著建議，若要保持微笑與快樂，甚至可把敵人當作最好的老師。最後他強調自己身為藏人，而且是不斷練習「降伏內心」的佛教徒。

達賴喇嘛是一位「用幽默雕塑智慧」的宗教家，他隨時都能製造歡笑。有一次，記者和他閒談起他的服裝，問起他的袈裟缺一邊袖子，冬天會不會冷?他說，他有圍巾，以及，這樣穿才沒有臭味啊……。

有位記者訪問他：「佛教有過午不食的說法嗎?」達賴喇嘛說：「是啊!」記者又問：「那下午肚子餓了，你怎麼辦呢?」達賴喇嘛說：「就到廚房去偷吃囉!」達賴喇嘛很喜歡告訴大家「我只是一個平凡僧侶」，「偶爾餓到不行，我會向佛祖道歉，因為我是達賴喇嘛不能餓肚子，然後吃點餅乾充飢。」

邱吉爾首相有一次在公開場合演講，由台下遞上來一張紙條，上面只寫著：「笨蛋!」邱吉爾知道台下有反對他的人等著看他出糗，抬頭面向群眾，神色輕鬆地對大家說：「剛才我收到一張便條，可惜書寫人只記得署名，忘了寫內容。」邱吉爾不但沒有被不快的情緒控制，反而用幽默化解了尷尬。

二〇一八年印度電影《老爸１０２歲》（*102 Not Out*），影片一開始，即見那位一〇二歲的父親達特利，正在打電話要送七十五歲的兒子巴布去養老院，理由有趣，他不滿兒子拘泥不化的個性：「老氣橫秋，無所事事，死氣沉沉的人對健康的危害，超過香菸。」老爸補述：「因為兒子太無趣了，而他自己要想獲得長壽，就必須遠離這樣的人。」

住在一起的父子兩人，他們個性大不相同，從他們各自擁有的冰箱，就能夠明白巨大差異。兒子的冰箱裡裝著都是蔬菜和水果，講究養生、重視營養。老爸的冰箱則是零食、飲料，雖然為了健康不能吃掉這些，但是每次打開「純欣賞」都能獲有巨大能量。老爸穿著鮮豔的衣服，四處交朋友，跳舞也吹薩克斯風，喝紅酒，看星空，與陌生的司機也能聊得開心，路上有學童踢球他也能湊上去一起玩。

蒙山異禪師曾講述自己修行經歷的畫面：「不用著力，綿綿眼前，一切聲色五欲八風，皆入不得，清淨如銀盆盛雪相似，如秋空氣肅相似。」鮮明又不露痕跡，相異又少有分別。銀盆盛雪、秋空氣肅很具象，但是意旨何在？許多體會，如人飲水，冷暖自知。

每個人感受自己生命裡洄瀾或是寂寞，乾枯無趣或是情趣盎然，都是「生命意境」能力，只是它們分別在光譜的左右兩端。

情趣盎然的人生意境，是家家泉水，戶戶垂楊——

我們來認識古人的「賞梅意境」，他們講究知色、知香、知形、知韻、知時，其中的「知韻」有梅韻四貴：橫、斜、疏、瘦。貴含不貴開、貴老不貴嫩、貴稀不貴密、貴瘦不貴肥。有沒有受教的感覺？

明年初春，到南投信義鄉風櫃斗賞梅之際，可以嘗試看看這般的美學角度。古人也講究賞梅天候：淡雲、薄寒、細雨、微雪、晚霞，同時講究植梅背景：清溪、小橋、竹邊、粉牆、黛瓦。

如果你是情趣盎然的人，旅行的地方不管是自然山水、紅塵城市、鄉間小鎮，都會是悠悠生情之處。對於城市小旅行，之所以重訪一座城市的理由，也許是那裡的一條適合隱居的巷弄、一件青梅往事、一座古韻宅院、一間狹小酒肆、一河汪汪漁水、一抹湮花水色、鬱蒼老樹幾株、嫣然的羅綺胭脂、老街舊屋自適場景、春雨潤如絲的小巷、秋風送爽的郊野……　只要心懷情趣盎然，什麼地方都是生命的好滋味。

「年歲有加，並非垂老，情趣丟失，方墮暮年」，這個道理簡單，但是「真正懂得」的人不多。在開始懼怕衰老的歲月之際，多少人因為「我已經老了」的念頭而自我放棄「熱愛生活」，孰不知有多少人在喪失掉「熱愛生活」的那一刻，他已經死了，他只是在假裝生活的行屍走肉。

《老爸１０２歲》電影裡，七十五歲的兒子警覺老爸真的要送他到養老院，為了能夠繼續留在家裡，他妥協同意老爸定下的五個任務：

一、給死去多年的妻子寫情書；

二、斷絕和醫生的聯繫（老爸希望兒子不要活在小心翼翼的人生中）；

三、剪掉蓋了多年的毯子（戒掉這條用了六十年的毯子，斷絕依賴的舒適圈）；

四、用一天的時間去孟買旅行；

五、讓一盆君子蘭在半個月開花。

老爸要求兒子寫情書的背後原因是：難道當伴侶去世，就帶走了一個人全部的心動和愛的能力嗎？養一盆蘭花，只要三天對它唱歌，就能讓君子蘭開花……結果老爸在第三天晚上，偷偷換成一株花開的蘭花，不知情的兒子以為這是奇蹟，振奮的情緒油然滋長……電影的最後是七十五歲的兒子在老爸半騙半哄又帶著威脅下，漸漸改變，不再暮氣沉沉，不再謹小慎微。他找回活力與熱情，重新熱愛生命。年紀永遠不是藉口，任何時候，我們都可以reset，可以被重塑。而按鈕就在自己手中，你要不要情趣盎然地啟動它？

退休日子，或許還遙遠，但是必須儘早認識它——

職場過來人提醒著年輕人，上班族一邊勤奮工作，一邊也應該偶爾飄過二十年後、想像十五年後、擘劃十年後、逼視五年後的退休生活樣式。因為退休生活，不是打發時間這麼簡單，它應該有更深遠的樣貌或是更寬廣的心境。我以為要有更大的想像力，同時兼具「無畏」。

NBA金州勇士隊的柯瑞，他在三十一歲生日時說道：「過去的一年，意義非凡，奪下NBA總冠軍、小兒子誕生。」柯瑞是NBA的超級球星，三十一歲的他正值如日中天之際，但是他早熟又聰慧，知道憂患意識，也知道感謝。他許願說：「我知道身為一位職業籃球員，時間是永遠不饒人的，我希望盡我所能，贏得愈多比賽愈好，跟我所抱持價值感相同的隊友，一起奮鬥。」「到頭來，我從不讓自己陷入自滿境界，因為過去取得的成就，而使得自己失去那份渴望。當然，這顯然是不間斷的拉鋸戰。」「你開始真正把身邊圈子縮緊起來，過去陪伴你走過這段旅程的人，其實改變不少。但是，留下來的人，就是這片混亂中帶來平靜的一部分。」柯瑞已經看到未來退休人生，他正以智慧瞭望它！

國泰世華銀行有一則廣告，有關財富管理，「讓責任感變成幸福感」，廣告中有個副標題：

「退休？還沒想到過耶！但我想要有更好的生活」，之後列出三段話：

30＋世代，幸福是把壓力變成夢想動力

40＋世代，幸福是自己提早退休的勇氣

50＋世代，幸福是讓人生永遠有選擇的機會

二〇一八年諾貝爾文學獎得主彼得．漢德克（Peter Handke），他是奧地利劇作家，他在烏鎮戲劇節有一段奇妙的語錄。主持人問他：「最近你都聽搖滾樂還是古典樂？」他回答：「我現在在聽窗外的鳥叫聲。」接著說明「每個東西都有一個合適的時間，有時候聽音樂，有時要聽風的聲音。目前我喜歡風。」

關於那則銀行廣告，我以為再加上「60＋世代」，此時的他們，生活該從量的提升，轉向質的提升。如果有廣告標語應該是：「60＋世代，選擇並且找到對自己重要的東西，那個才是幸福。」

退休，不僅是一個生命段落，更是一種心境。

八十二歲的勞勃瑞福，在《老人與槍》之後他說「結束了」——

每個世代都有自己青春時，心目中的銀幕女神與男神，我的女神是奧黛麗・赫本（Audrey Hepburn）、英格麗・褒曼（Ingrid Bergman），男神則是《虎豹小霸王》（*Butch Cassidy and the Sundance Kid*）的保羅・紐曼（Paul Newman）和勞勃・瑞福（Robert Redford）。二〇一八年，八十二歲的勞勃・瑞福宣布退休，他的最後身影是《老人與槍》（*The Old Man & The Gun*），結束影片宣傳後，他說「結束了！」採訪文章的副標題是「青春和成功，都不要太過執著」。他說：「我十分肯定地說，我的演出生涯到此為止了。因為我已經從二十一歲演到現在，我認為我演夠了。」

《老人與槍》是一部改編自美國著名的「紳士大盜」Forrest Tucker的搶匪生涯，故事敘述一位老人家，外貌和待人都彬彬有禮，實際上卻是已經逃獄十六次的銀行搶匪！故事裡，

Forrest Tucker 是一個逃避體制、不斷追逐自我的人。

精采劇情之中，有動人的黃昏戀曲，有復古情懷的浪漫，但是導演並沒刻意雕琢成海誓山盟，只是演繹人生最後的禮物。與勞勃・瑞福演感情戲對手的西西・史派克（Sissy Spacek），她演來不慍不火，清淡有韻，在現實生活裡她已經七十歲，飾演成熟動人、充滿人生睿智的珠兒。原型故事中的珠兒一直到 Forrest Tucker 被逮捕前都不知道他的真實身分，但即使如此，她對他的愛仍是至死不渝。在電影中兩人淡淡地發展愛情，小心翼翼但是優雅。

不管劇中或是現實生活，都是資深人生的他們，在過去的人生中，各自都累積了許多里程數。觀賞影片，我特別關注他們對於人生最後的一場愛情，兩人讓溫潤情感自然流動著，真是優雅。除了慢火細燉的晚年愛情，我也看到更多「遲暮人生」的內心糾葛。

看完了電影，餘韻卻不斷浮現在腦海裡，慢慢咀嚼、慢慢回味。我同意一位影評人的小結論：「當他騎上珠兒的馬匹，這是他的人生待辦事項之一。他那努力去活著的畫面，是這部影片捕捉到我的魔幻時刻。」

思緒一陣咀嚼，我想我懂得了勞勃．瑞福在退休記者會，他說：「我想悄悄地離開。」「老，是不可避免的，你可以去抵抗它，但是你看到那些抵抗的人是什麼樣子……你就順應它吧！」勞勃．瑞福的放手哲學：「沉迷過去無用，往前往前！」如果以文青的說法，應該是他選擇了「優雅的老後」，勞勃．瑞福是這個生命哲學的實踐者。

閱讀了他的退休報導，我又重新看了他很帥很帥時期的《遠離非洲》、《大河戀》。自忖喜歡他的理由，歸納是：「總是不疾不徐的從容態度」與「隨時掛著自信的微笑」，再加上「自在老去、聰明慢老」。

四十六歲的鈴木一朗，退休前他說「我會銘記每一個瞬間」——

我們來看看一些職業運動選手退休前的心境。

二〇一九年，NBA金州勇士隊的三十四歲老將李文斯頓（Shaun Livingston），因為十五年的征戰與舊傷決定退休，他感性地向祖父、父親與妻兒致謝：「我們的未來將比過去更加光明，未來的人生篇章不能沒有你們的存在。」他也感謝所有隊員、教練、訓練師及工作人員，還有一路上支持自己的球迷：「對那些一路上幫助我的人，我想說謝謝。我能給的最好禮物，就是為他人服務。」李文斯頓對自己從NBA職籃生涯退休的心態，準備好了。

也來說說傳奇的51號鈴木一朗的退休。這位日本二十五年來最具代表性的運動員，保有許多金氏紀錄，包含大聯盟單季最多安打（二六二），連續十年單季超過兩百支安打（大聯盟選手平均一季一一〇支）……等。我早早注意到他的「棒球生涯的餘命管理」，雖然他一直說希望能夠打到五十歲。

二〇一九年，西雅圖水手隊在東京進行春訓，準備與日職讀賣巨人進行表演賽。四十六歲的鈴木一朗成為最大焦點，當他上場之際，「東京巨蛋將搖晃！」他在記者會上說：「不管退休的時間是否接近，能夠再次在日本球迷面前打球，這對我是個大禮物，我會珍惜場上的每一刻，一個星期後我會回想這幾天，所以我會確保自己記住在日本所發生的每一件事。」他感性地說：「我會銘記每一個瞬間。」

幾天後，三月二十一日，鈴木一朗正式宣布退休了。他說：「我在棒球場上已完成許多我的夢想。很榮幸能在西雅圖水手隊這個我展開大聯盟生涯的地方劃下句點，我想，身為職業球員的我，最後一場比賽在我的祖國日本進行是很恰當的。」

其實，幾年前，已經有許多記者多次問過他，他總說「何時退休？連我也不知道，這樣的問題，我還沒習慣。」他回顧自己體能走下坡之後的狀態，也說道：「從二〇一二年，我被交易到洋基後，我就盡最大能力過一天是一天。後來轉到邁阿密，我也是如此每天認真訓練。大聯盟是非常艱困的環境，隨時可能被告知走人，我的認知就是，至少我還在這裡。」

觀察網壇天王費德勒，他退休前的心思與未來生活計畫——

二〇二〇年八月八日，網球天王費德勒（Roger Federer）即將滿三十九歲，邁向不可思議的四十歲（職業網球界的人瑞級歲月）。球迷們都知道費德勒又更靠近「宣布退休的時刻」了，何時？球迷不知，費德勒應該有沒有精準的時間表，但是大家都知道「快了」。

二〇二〇年的COVID-19肺炎大流行，各國開始鎖國，世界的大小比賽都被延期、取消。二〇二〇年的溫布敦網球錦標賽也在四月一日深夜宣布「原訂六月二十九日舉辦的溫布頓，取消整個草地球場賽季」。選手參賽的行程大亂，費德勒在Instagram說「他已經等不及明年回來參賽」，全世界球迷都聽到他「低迴的嘆息」，理解他的心情被停賽「摧毀」的殘酷。他繼續在個人Instagram發布限時動態，表達對於二〇二一年溫布頓賽事的期待和參賽意願。屆時，他即將滿四十歲了，世事難料。

費德勒生涯總共贏得二十座大滿貫冠軍，單打世界排名第一累計三百一十週。隨著歲月增長，費德勒不知不覺成了網壇中年紀最長的天王，近年來球迷都關心他何時要退休，雖然不捨，但也知道這一天終將到來。有一次記者問他這件敏感的事，他說退休後待辦的清單之一，是與家人開車旅行。他要買一輛一九六〇年的BMW老爺車，希望有一天帶著小孩去義大利托斯坎尼聞聞花香，喝點小酒。至於他未來的人生規劃之一：「與名人品酒。」記者追問跟誰？「Michael Jordon！如果他願意的話。」

費德勒與他的好友也是對手納達爾（Rafael Nadal）的對戰，永遠糾結全世界的球迷，也屢屢創下最高收視率。我每次觀賞兩人史詩般的對決，總發現自己內心隱藏的「流金歲月，美好將逝」的傷感。

記者好奇費德勒為何「體能依然處在高峰？」他坦承休息的時間更長了。關於「退休的預測與現在的計畫」，費德勒說：「你不會樂見自己走過職涯後，才醒悟『竟然從未好好品味人生最重要的時刻！』」「總有一天要退休，你會害怕生活空虛嗎？」「不至於，生活無虞、兩個兒女、品牌贊助期限也還長。但是，我一定會想念另一批家人：球員！我覺得這才是最困難的部分。到時候你會思考的真正問題是，誰才是知己？你會發現，沒幾個。」記者問道：「那麼，究竟會是誰？」費德勒不假思索回答：「拉斐爾！」所有的球迷都知道他說的是納達爾！

英雄對決，英雄惺惺相惜這件事，在現今職業網球世界裡，絕對是「費德勒vs納達爾」的對戰組合，其中二〇〇八年溫布頓的決賽被公認是史上最偉大的至尊經典對決。二〇一九年印地安泉網賽（大師賽）四強，兩人原本要上演天王之爭，可惜納達爾因膝蓋傷勢退賽，失之交臂。他倆在二〇一七年上海大師賽之後就沒再交過手，二〇一九年澳網公開賽，兩人擦身而過，費德勒擔心他們以後再也不會在比賽球場碰頭，他說：「過去我們留下這麼多經典大賽，現在每次對決，都可能是最後一次！我真的希望還能跟他打！」

費德勒所說的是「退休前夕」感性心聲，許多人站在這個關鍵時刻，往往開始頻頻回顧過往，那是一種即將揮別過去的心態，揉合了眷念、不捨與糾葛。

那是一種結束，但也是一種開始。

第六章

從初老心理到聰明慢老

網路上有關「老年」小文章，好笑，總是暗藏洋蔥——

網路有一篇小文章，叮嚀著「要好好地享受生活」，尤其是退休生活，怎麼做？令人逗笑的文章：他說名人有「兩會」——發布會和記者會；有錢人有「兩會」——董事會和招商會；普通人的「兩會」——約會和聚會；失敗的人也有「兩會」——這個不會、那個也不會；奮鬥上進的人有「兩會」——必須會、一定得會。

退休的人則有「五會」：會走、會吃、會玩、會睡、會上網。文章裡強調，記住智慧的一句話：世界是你的，也是我的，但歸根究底是屬於「螃蟹」的！我好奇「螃蟹」是什麼意思？原來「螃蟹」是一種比喻，身體健康、活得久、不死的，在市場才永遠值錢！「螃蟹」就是提醒大家，氣長、氣好，一切才有意義。

網路還有一篇小文：六十歲以後，如果你一不上網、二不歌舞、三不吃喝、四不隨便跑、五不亂花錢，養成一個良好的生活習慣，久而久之，你就會驚奇地發現自己「老年癡呆了」。玩笑中，這篇小文章暗藏洋蔥。

有個老哽笑話，你或許聽過。一群大學同學畢業三十後，決定在Ａ餐廳聚宴。選Ａ，是因為女服務生很靚。十年後，六十歲的他們再度聚餐，又選了Ａ，因為那裡的菜單有許多養生餐膳選項。再十年，七十歲的他們還是去了同樣餐館，這次的理由是那裡有無障礙空間，適合輪椅進出。又十年了，大家已經八十歲了，他們還是去了Ａ，因為大家都不記得曾經去過了。

第一次聽此「老化的魔咒方程式」，有閃淚，因為我偶爾也會翻閱養生菜單了。

春荷淨靜，檢查自己的初老心理——

年紀漸長的人，一些生活的小笑話陸續浮現，也會開始自嘲這些事情：忘了眼鏡插放在頭頂上，卻到處找眼鏡；手機明明握在手上，卻心中一驚「我的手機不見了」；明明是尋常的日用品，卻一時想不起它的名稱；家裡才兩個兒子，卻老是叫錯名字……。生活中，不自覺地跟著同輩說著一些有關失智的笑話，其實，他們想表達的是「關於這個議題有點壓力，但是我怕！」但是，他們與晚輩相處，卻有強烈地防禦的念頭，「不想讓別人以為我們老」，他們還在抗拒承認自己的初老！今年五月，我去國稅局報稅，承辦的年輕工讀生，非常禮貌地稱呼我「阿北」，我「溫柔地強烈」抗議，希望她改稱「王先生」，同時內心只能軟弱想著「年輕人啊，以後，妳初老的時候會有報應。」

當日常陸續出現一些小小糗事，多了一些矛盾的念頭時，其實我們應該自我意識到：初老已經近身，甚至乾脆「承認」初老了。我要問，承認了然後呢？我以為這時最好的第一步是「自我觀察」，因為「我們都沒有老過」，這些發生在自己身上的新鮮現象，我們都是陌生的。

簡單地說，我們要認識「什麼是初老」，要聰明地面對自己初老這個階段，學習如何與它和平相處，也要開始「小心提防」初老的副作用，不要讓年輕人覺得「你好煩好囉嗦」。更重要的是自己「樂在其中」，享受每個階段的人生風景，尤其是此刻。蘇東坡說「最是橙黃橘綠時」，應該是中年末，初老時。關於初老，大致上有以下幾種現象：

一，開始「好為人師」。自覺多了許多生命領悟，對於閱讀來的「智慧結晶」，忍不住盛嘆，也嘆惜自己過去的錯失，於是開始截圖分享長輩文。一有機會，就置入行銷自己的生命經驗，大言不慚。事實上，我們年輕的時候，從不喜歡老生常談，聽厭別人的嘮叨老話。想想，儘管是顛撲不破的道理，現在年輕人那裡會喜歡你現在的嘮叨老話？再想想自己年輕時的「不聽老人言」，我們可曾在意過他們的苦口婆心？如果你現在覺悟出什麼人生大道理，先用不急著表達自己的心得，想清楚再分享吧！

二，膽子變小。電視直播緊張刺激的球賽，不敢看下去，會藉機轉台，然後悲觀地認為自己支持的球員或隊伍「會輸」。即使觀賞老電影，看到劇情中悲傷的一些片段還是「心存不忍」，眼眶泛淚。如果，情感戲太過激烈、情節悲慘的畫面，也會屢屢切換頻道，等到這一段劇情過了之後再轉回來。好笑的是，都已經看過幾次重播了，還是會不忍直視、不捨悲戚，對於人生的「大變」承受力降低了。哭點變低了，可能連自己都訝異。

三，老歌情節。記得我年輕時，觀看著電視的歌唱節目，那位歌聲婉轉低沉，繞梁三日的女歌手，母親總會問「她是誰？」「蔡琴！」每次看她每次問。之後我看到很會唱的紀家盈，我也會問女兒「她是誰？」「她是家家，你已經問過好幾次了！」初老年紀的人，開始覺得「以前的比較雋永」，新人的音樂「聽不懂」。

四，老兵情節。這個容易懂，「閣較講嘛講過去」，喜歡提當年勇。當然也會用「我吃的鹽、我過的橋」的態度面對眼前的年輕人，感嘆一代不如一代。結果，世代鴻溝成了世代的驕傲，甚至成了世代歧視。這裡要提醒，千萬不要落入「年紀的偏見」困局，要知道有偏見就有傲慢，「你會慢慢變成老賊！」年輕人對這樣的初老族也會有偏見與傲慢。

工研院許友耕博士的六十五歲感言，他列出六點提醒自己。首先，他說：「不能自以為是，倚老賣老，如果過去真的有點成績，那多是時勢使然，別以為那幾招還管用。」

五，對好東西的價值觀改變。對於好茶或是好酒的品質，有一些人開始變得很敏感，人生苦短，為何要浪費在次級品上？這個情結成了「品味的迷思」。對於有比較厲害功能的家電，價格的抗爭相對軟弱，不再掙扎。舉例，某個日本品牌的烤麵包機，烘烤時會釋放蒸氣，可以讓枯乾的麵包恢復成像是冬天曬過太陽的蓬鬆暖被，多段式的烘烤設計，煥然把它成了外酥內嫩的土司。這個高價商品，我曾經抗拒過，想想它是其他低階烤麵包機價格的三四倍耶！但是兩年後，我改變想法了，決定下手買它的理由是，反正明年我還是會想要擁有它，為什麼不現在就買了它？何況「歲月剩下不多」，多一年享受它，就是賺一年。

其實，使用好東西的定義，花多一點錢背後的精神，就是「不過度消費」，買／用真正需要或耐用的東西，算是惜物吧！這個態度，在初老族的消費觀漸漸明顯。另一方面「斷捨離」生活哲學也大大流行，開始盤點已經不需要的物件，甚至積極響應。

許友耕博士也說：「不要想買地蓋一間自己想要的房子，那會是災難。也別說辛苦了一輩子，買部好車犒賞自己。」至於「辛苦了一輩子」，哈哈，他特別聲稱「老實說，也沒什麼真正辛苦到。」不用太自戀。許友耕進一步說：「不要管那些資訊：人生必遊的十大景點、非吃不可的美食、必讀的三十本的好書……。」他的六十五歲感言，我以為就是關於生活品味與餘命管理必須「放在一起思考」了，取捨之間已經不能任性。

六，出門配備。多了保溫杯，隨時需要外套，有些人則需要拐杖了。如果要去旅行、走長路則多了護膝。當然，大包小包的慢性病藥物成了標配。

人生的殘值，該如何計算？——

二〇一九年公視人生劇場，以「為黑暗世界點一盞燈」為概念，精選了四部作品：《大潮》、《盲人阿清》、《風中浮沉的花蕊》、《殘值》。作品都是藉由社會所造就的人性黑暗，述說人們如何找回人的價值與希望的微光。

《殘值》主角阿濱是一位四十歲落魄的保險專員，事業幾番掙扎，他開始沉淪「詐保」，雖然見不得光，但是自覺在「救人」，他搖身成了一些人的經濟救星。在此同時，阿濱正走到人生的谷底，老婆要求離婚，兒子的監護權還得歸她，阿濱不想放棄這個家，更不想放棄「事業風光」的大好機會……。

《殘值》試圖向觀眾拋出一個人類的老問題：「人的價值倒底能不能用金錢衡量？」現實生活中，如果你會關注媒體裡社會版新聞，一定知道許多人的「人生新聞」比電視劇更精采，甚至更驚悚到不可思議。新聞中的他們，所面對的世界，市井我們不熟悉，但是卻真實地存在。《殘值》劇中的小人物，都貼近底層的現實生活。我們先來看看他們，再回頭檢視自己的初老人生。

總是被各種道德價值感束縛的人們，他們為了跨越生命窟窿，所逼出來的會是人性的醜陋？還是善良？一輛車使用了十年，我們想要把它賣入二手市場，十年後它的殘值約是百分之十五至二十。如果「初老的人」也來估價，人的殘值又該如何計算？

初老的人們，該如何檢驗自己的「殘值」？絕對不是如同二手車的估算方式。如果要估算，它一定是檢驗我們的「生活價值」——我們對生命意義的理解和執行度。

五十至六十五歲是社會學家所歸類的「初老族」，這是仍然健康活躍的一群。他們經歷過台灣經濟起飛的年代，學歷高、品味好、視野夠。根據調查，人們往往在五十歲之後，他們開始思索著如何「做自己」。英國作家維吉尼亞・吳爾芙（Virginia Woolf），她被譽為二十世紀現代主義與女性主義的先鋒，有一句廣為傳頌的名言：「一個人能使自己成為自己，比什麼都重要。」談的是女性在處理外在的性別不平等問題之前，得先有辦法認識、界定自己的獨一無二。

這句話，應用在初老族的「做自己」也是貼切。也是鑑定一個人的生活價值方法之一。

不需活得太努力，也別活得太消極——

我們先來認識一位日本女演員樹木希林，她被稱之「日本國民母親」。她於二〇一八年九月十五日逝世，享壽七十五歲。去世消息剛剛發布，當時雜誌曾經落下標題：

搖滾一生、充實又狼狽的樹木希林：

「人都會死，至少要死成自己喜歡的樣子。」

一生名作無數，曾拿下第三十四屆與第三十九屆日本奧斯卡最佳女主角，二〇一六年更榮獲亞洲電影大獎終身成就獎。樹林希林在台灣有許多粉絲，她與日本電影名導是枝裕和合作有：《橫山家之味》、《我的意外爸爸》、《海街日記》、《比海還深》、《小偷家族》等。許多電影中都可見這個維妙入骨、令人印象深刻的阿嬤。

二〇〇四年，六十一歲的樹木希林發現罹患乳癌後，隔年便把右乳房摘除，但癌細胞仍擴散全身。她與癌症一同度過了十四年，隨時籠罩在死亡陰影裡，期間她漸漸改變了對人生的看法。樂觀的樹木希林對於年紀漸漸老去、病痛、死亡等等禁忌話題，留下諸多經典名言，令人沉思。有一次她接受訪問，主持人希望樹木希林「給年輕人一些建議」，她說：「請不要問我這麼難的問題。如果我是年輕人，老人家說的話我通常是不會聽的。」這句話，真值得讓所有「初老族」省思，我們年輕時誰聽「老人言」？當我們老了，卻要求大家聽我們的話？

去世前兩個月，二〇一八年七月，她在紐約接受最後的訪問。七十五歲的樹木希林說：「想傳達的訊息？竟然問我這個沒剩下多少日子的人，我有什麼話想說啊？」不過她還是認真地回答了：「雖然由我來說有點可笑，但我認為所有事情都有表裡，不論是遇到多麼不幸的事，我還是認為某個地方會留下一盞燈的。當然，幸福也不會一直連續不斷。」

她接著說：「當自己走到死巷時，不要只看著沒有出路的地方，可以試著稍微退一步；有了這樣的餘裕，就不會覺得人生那麼一無是處。時至今日，我仍然這麼認為。」她認為在最哀傷的時刻：「請用有趣的眼光接受所有的事物，不需活得太努力，也別活得太消極。」

書本《離開時，以我喜歡的樣子》是集結樹木希林生前訪談的精華，分成生、老、病、死等八個篇章，總共一百二十則珍貴的人生訊息。這些語錄，被形容是留給粉絲，甚至不認識她的讀者「最棒的禮物」。

在書中有一段話：「對於老去，變老絕對是一件有趣的事，年輕時覺得理所當然的事情漸漸辦不到了，但是我並不認為這是不幸的，反而覺得有趣呢。」面對「初老」階段，人們剛開始往往「拒絕承認」，不久「他們就認了」，接下來各自會以不同的角度認識「自己的初老」。當然，如果能如同樹木希林一樣以「有趣呢」的態度，我們會回到「選擇並找到對自己重要的東西」的思維，因為：

50＋，生活該從「量」的提升，轉向「質」的提升。

「初老族」也被社會學者稱之「橘色世代」，在台灣統計數字，百分之六十七的初老族經常使用LINE，百分之五十一每天上Facebook。他們主動尋求新生活的可能性，他們不甘心用「殘值」計算自己的人生，他們反而更積極地「增值」。

他們隨緣、樂活，他們還想做更多。

為何老年人是假訊息散播主力？——

酷熱的仲夏午後，朋友傳來網路訊息：「為何老年人是假訊息散播主力？哈佛研究，認知能力下降不是主因。」我精神一振，好奇這篇研究文章的結論。

哈佛大學心理學系博士後研究員納蒂雅・布雷什（Nadia Brashier），有一篇有趣又讓人深思的研究，她將研究發表在《心理學發展趨勢》期刊上，引發關注。這項研究的動心起念是：二〇一六年美國總統選舉的研究結果發現，老年人分享假訊息的次數是年輕人的七倍。這真是令人驚訝的新社會現象，怎麼會有這麼誇張的對比？

對於這樣懸殊的結果，一般人刻板印象是，老年人因為認知退化，無法辨別真假，或是因為純粹孤單，想要藉此不可置信又帶有神祕獨家的訊息分享，以便聯繫他人，或是炫耀自己手上「特殊搜羅來的訊息」，顯得高人一等。這個研究結果，布雷什為老年人平反了，認知退化與孤獨都是臆測而已。

她說，記憶力或許會隨著年齡下降，但不是每個人都會認知能力下降，有些人根本沒改變，甚至隨著人生閱歷增加，擁有的常識比年輕人更多。總地來說，老年人處理和理解訊息的能力並沒有降低。

至於孤獨說法，老年人並不是最孤獨的一群，而且科學家目前也沒有證據證明孤獨會讓人分享更多假新聞。布雷什認為，老年人分享假新聞的主要原因是人際關係與數位素養不足。布雷什解釋老年人是社交媒體的新使用者，造成他們數位素養不足、難以發現「被操作過的訊息」。結論，「不嫺熟」是主要原因，但這不代表老年人沒有能力判斷事實。

我看到了這個研究二〇一六年美國總統大選的結論，即刻想到台灣的初老族要警惕了，初老族不是網路原住民，確實對這個新時代的領域，許多人的操作技術與社交媒體的涵養明顯不足。操作技術事小，可以學習。但是面對隱性的「社交媒體的涵養」甚至網路倫理、網路禮貌仍有一條長路要走，包含假訊息如何「止於智者」都是學問。

有一個自己的經驗論點：記得我國一時，有一同學的作文入選在校刊上，看著他原本歪歪斜斜的手寫文字，變成鉛字印出的工整文章，頓然覺得「高級」起來。本來是手工業的稿紙，如今顯得「高貴而權威」，小小心靈自此萌發「有為者亦若是」的壯志。我的意思是，今天初老族、大齡人們都多多少少對於「紙本印出，非手寫的文章」有迷思，那是很根深蒂固、頑強偏執的「尊重，不容置疑白紙黑字」洗腦結果。回頭看看我以前對校刊、報紙副刊上文章、論文、公文的「莫名羨慕與重視」，現今依舊對書本文字有潛迷信，不容置疑的迷思，那是初老族世代面對網路世界的致命弱點。

那是「不寫字，只是電腦打字」的新世代不會理解的。

結論這一項的研究，網路原住民他們沒有這種「不能懷疑」包袱，自然也能輕巧判斷真偽。初老族的我們傻傻地放棄思維與辨識，不知「今天的知識，明天就會被 Google 推翻了」。看來，老年人除了適應體力逐漸衰退之外，對於網路世界要懂得戒慎恐懼了。

初老族的偏見慣性，不要任性發作——

我以為還有一個原因是「無所不在的偏見」所造成，年紀有偏見、性別有偏見、宗教有偏見、職位有偏見、文化有偏見。老年人「渾然天成」的偏見，初老族要有戒心，要學習如何不偏見，也是未來重要的功課。

朋友有一個「大學時期音樂的族群」，大家畢業早已超過三十年了，許多人陸續退休。歡心參加這個族群，起初以為就是大家分享音樂訊息或是聊聊樂壇、聯絡感情，結果有人陸續發表政治立場、宗教言論，甚至轉貼一些道聽途說的「見獵心喜、沾沾自喜的訊息」，擾得有人抗議，進而引發論戰，甚至「清黨」鬥爭，於是喧賓奪主、鳩占鵲巢、孳蔓難圖、大義滅親，親痛仇快……戲碼不斷。

這個社團的宮廷戲，絕非孤例，許多人都有類似的切身之痛。冷靜分析其中原因：之一，是對宗旨無知或是故意忽略；之二，是有人還真偏執（年紀愈大，感覺上愈難溝通）呢，硬要強加自己的價值觀給網友，幻想可以同化他人。我以為一些偏執己見的初老族，都不知不覺已經成了「酸民」、正義魔人、諤諤之魅，評論這個，不滿那個。一些憤世嫉俗之徒，恨別人鐵不成鋼。一些眾醉獨醒之輩，自我感受良好，盡是言不及義。他們為何會變成這樣？鮮少人像嘉慶時期的劉墉，他退休之後，清閒自適，遠離江湖，說道：

粗茶淡飯布衣裳，這點福讓老夫消受；
齊家治國平天下，那些事有兒輩承擔。

遠離「偏見與牢騷」是初老族的功課。《天下雜誌》二〇二〇年五月十一日的標題「退休生活失去重心、閒得發慌？你該找回『被需要』的感覺」。文章起頭：「有些人一輩子在職場奔波，不知道興趣是什麼？退休後閒得發慌，看電視成了唯一活動，除此之外還能做些什麼？」於是他們對時事不滿，對新聞不滿，對別人統統不滿……他們什麼時候成了「人間牢騷製造機」？他們不知道「只會發牢騷」並不會得到更多尊敬？

退休的初老族，應該認真思考「自己想要哪一種退休人生？」同時明白「酸民與假新聞」的論見，就是對一些退休的初老族的「思想鈍化與窄化的照妖鏡」，老而不死是為賊，這個也是不可不慎。

開始改變思考模式：怎麼讓自己過得幸福？——

初老族主動尋求新生活的可能性，有人開始規劃未竟夢想、旅行休閒、繼續進修、回饋社會、挑戰自我等等。他們也開始意識到「怎麼讓自己過得幸福」的這件事。開始思考了，然後呢，怎麼做？社會學家建議：

一，生活不是規劃的，它是有機的。舉例爬山，過去會一路朝向最後的山頂風景。現在如果半路巧遇老友，可以停下來，慢慢敘舊，不再急著攻頂。甚至累了，休息後就直接下山，不再執著，取捨標準開始改變。在國外旅行，親近如此的有情城市，追趕多少個景點已經不重要，重點是在每個地方的悠悠享受。懂得「在生活」，成了新的生活態度。

二，生活是覺察與品味細節。我們不需要像是虔誠教徒一般，禱告說「活著真好，我心懷感激」，而是去「察覺生活」！用心去察覺！我們已經活到一個歲數了，應該看得多、看得久了，應該知道人們「因什麼而快樂」。不是腰纏萬貫，不是豐衣足食，也不是錦衣華服。可能是：

一份有意義有成就的工作，覺得幸福。

一頓有滋有味的親友餐食，覺得幸福。

一次有察覺而美好的旅行，覺得幸福。
一場親情友情流動的聚會，覺得幸福。

所以，開始重新定義自己的幸福標準，「察覺」生活中一切的種種小地方，「察覺」旅行中角落裡美好小風景，這就是愛的過程，不要再「這個無聊了，那個也無聊」，品味細節吧，即使它很平凡。

三，生活裡偶爾回顧，可以更勇敢。我不習慣寫日記，但是卻會記錄「自己每年的路徑」，稱它「年記」。年底最後一個星期，我總是會寫下「今年我和家人所發生的十大事件」，這個習慣已經有了十五年的累積。所以，我可以輕易地看到我的「來時路」，什麼時候發生什麼事，有光榮開心的，有待努力的，也有一些頓挫的，那是堆累。初老的人，先靜下心往前看，端看著自己「現在走的這條路」，最後通往遺憾？還是滿足？如是有遺憾的疑慮，修正它，如果是滿足，那請更篤定地邁著步伐。

四，生活的美好體驗，隨時開始。美國有一位家喻戶曉的摩西奶奶（Grandma Moses），她常被當作「自學成才、大器晚成」的代表。這位老奶奶七十七歲才開始作畫，她並非什麼飽經磨難的勵志故事，但是當你看到她的畫作之際，就會恍然明白，她壓根就沒想過要感動你，她只想做自己能做並且喜歡的事情。她的作品遍布著明快的色彩，盡是一些歡樂的鄉村場景與人群。

八十歲在紐約舉辦個展，她沒有什麼高等教育背景，只是源於她對美好生活的體會，這一點使她擁有非同尋常的創造力。她的作品能量與生活美學觀點引發媒體議論，也造成轟動和深思。一九六一年十二月中旬去世，享壽一〇一歲。

她的故事告訴我們「人生永遠沒有最晚的開始」。生命的每個時期都是年輕的、及時的。這是初老的人，最需要的故事。

訂定60＋歲的新國民義務教育政策，重新學習——

不讀書就老了！或是說，老得更快！

先來認識台灣有系統的國家政策「終身學習」，在二〇一九年的終身學習圈：八十七個社區大學、五四四處公共圖書館、三六五座樂齡中心、一〇七所樂齡大學。這些學習的公共地方，都是「被動地」讓資深國民可以「投靠學習、浸濡」的空間。

我上網查詢台南社區大學的課程：色鉛筆手繪課、我的小花園植栽課、生態攝影課、如何在家煮一杯好咖啡、好理財早退休、來大廟快樂學、大家來彈電貝斯、總鋪師料理、清音雅樂南管、武藝運動、西非鼓動、楊家老架太極拳……。

至於台北社區大學的課程：公民記者培養力、書法藝術、社交舞、城東探源文史調查人才培訓、慢活輕旅行、學桌球、瑜伽梵唱神話、西洋老歌輕鬆唱、打太極拳、學日語、學英語……。

再逛到台東社區大學網路上列出的課程：大家的日本語初級、旅行文學寫作、看電影學英文、排灣族與文章閱讀與會話、手工皂初級、我愛咖啡拉花藝術、芳療玩很大、古典刺繡、金工創作、陶笛中級、歡樂烏克麗麗初級、胡琴初級、愛上吉他、流行鋼琴輕鬆彈、基礎瑜伽、活力有氧、二十四式太極拳、養生禪、攀岩趣中級、居家水電基本維護、數位影像編修、炭筆素描、魏碑楷書美學與篆刻、基礎油畫……族繁不及備載，我自己的觀察，冠軍隊是台東社區大學！

這些洋洋灑灑的課程，有養生、養樂，甚至有養心的。你可以恣意地遊四方，也可以交到許多新同學。但是，它們是給「願意走進」社區大學教室的人，對於不熟悉這個資訊的人或是不習慣到這些地方的人，怎麼辦？新知識、新觀念與新技能可以防老，可以增加生活情趣，也可以讓大家「多擁有健康的老年」，降低我們被長照的年數，更可以減低國家長照的經濟壓力。那些不學習的初老族怎麼辦？

所以，我們可以「強制」大家？到了六十歲起開始進行「新國民義務教育」？台灣有十二年國民基本教育，這些「教育規則」大家都知道。但是，我們都沒有老過，不知老年的生活模樣，所以「初老的國民教育」是否可以列入「義務」選項？讓重新進入教室學習，變成一種「責任」？

普賢菩薩警世語：「是日已過，命亦滅絕。如魚少水，斯有何樂？當勤精進，如救頭然。但念無常，慎勿放逸。」人命無常，人生苦短，「過了一天，生命少了一天。好像池裡的魚，水量漸漸減少，怎麼會有快樂？」唯一辦法，應即時保握現在，努力學習。但是靠自由意志，似乎成效慢了點，如果成了「有系統的國家政策」，在學習動力上，多了強迫、誘因和責任感。

這是我的社會主義的一個想法。如果，沒有修滿「養生、養樂和養心」學分，六十五歲的社會福利裡公車免費、公共運輸半價、照顧津貼、假牙補助、老年年金、健保補助等等，應該暫停……嗯，會不會有許多資深國民恨我？說我管太多？…

人生的十大奢侈品，買不到——

二〇二〇年五月，大家都還在為 COVID-19 肺炎所引發的經濟問題，甚至對「後疫情時代」感到憂心甚至悲觀。五月十四日下午，我與朋友在他住宅一樓大廳討論事情，隔著落地窗看見一輛靚美的保時捷停在眼前，下車的美麗女子，一襲三宅一生的春色皺摺衣服，剪裁時髦，飄逸多姿，她從車頭行李箱提出一袋袋的香奈兒，走入大廳，高跟鞋輕快巧微的叩叩聲響，傳遞著她開心的心情。

朋友當下說，明天的香奈兒即將大漲百分之十五。咦？這個時機點？為什麼？他笑我沒有掌握時事，因為疫情生產線大受影響，未來會出現斷貨。所以，法國本土自五月上旬開始率先漲價，外電指出漲幅以歐元計算將上漲百分之五至百分之十七，接著並陸續在全球其他市場同步調整價格。也因漲價風聲，在上海、香港、首爾掀起排隊搶購潮，台灣也掀起一波趁漲價前先入手的熱潮。朋友笑我顯然不是「香奈兒粉絲」！

次日新聞的標題：「台灣香奈兒已悄悄調漲，少見的百分之十五高漲幅，經典包漲最兇。」我顯然不是奢侈品的瞄準目標。當然，我事後做了小功課：原來香奈兒與愛馬仕和迪奧是奢侈品食物鏈的頂端，但是它們的定位全然不同。「擁有香奈兒包包令人羨慕，因它們代表著財富、精緻與品味，還有出色的眼光和對永恆美學的欣賞」。哈哈，我承認我是奢侈品牌化外之民。

前一段時間，曾在網路上看到一則報導，美國主流媒體評選「十大奢侈品」，名單中竟然無一是與物質有關，當然 Channel 、Hermès 和 Dior 沒有在榜單裡。名單中盡是生活與生命：

一、生命的覺悟與開悟

二、一顆自由、喜悅與充滿愛的心

三、走遍天下的氣魄

四、回歸自然

五、安穩與平和的睡眠

六、享受真正屬於自己的空間與時間

七、彼此深愛的靈魂伴侶

八、任何時候都有真正懂你的人

九、身體健康，內心富有

十、能感染並點燃他人的希望

有趣的物質與非物質對比，必然的評選結果。這十項清單的每一樣都看似簡單，但是明白人都知道這些都是「舉重若輕」的「人生奢侈品」。每一項理所當然的生命與生活，都在經過一番歲月之後，才能意味深長地同意。從青春、初夏、仲夏、長夏到了「深秋人生」的人們都知道，幾番風雨後，在略顯蒼白的靈魂中能從心所欲，能有曠遠自由而舒坦自在，最後總會聽到耐人尋味地說「得來不易啊！」

老，不足以懼，老是一種重生。此刻是人生卸下責任重擔的美好時刻，攀登人生另一座高山的始點。和自己最真誠的對話，未來尚有什麼「可能性」，等待我們發掘、應對、挑戰。或是選擇庸庸碌碌，可以悵惘、失落、憤怒、焦躁，然後嘆著「生命才要成熟，就要面臨老去」「時間，好不堪用！」諷刺地察覺「死亡了，才發現熱愛生命。」

第七章

他們花二十年的時間在等死

九十一歲伊藤婆婆：早上拉開窗外的紙屏風——

一位住在日本千葉縣的伊藤女士，獨居的她今年已經九十一歲，沒有家人、沒有朋友，所有認識的人都已經陸續離世。每天早上起床的第一件事：拉開公寓窗戶外頭的紙屏風，當是迎接早晨的儀式。

早年她習慣也喜歡透過窗戶，看著鄰近公寓的孩子在樓下廣場嬉戲，看著在社區游泳池戲水的家人。只是時光久遠，樓下廣場已經再也沒人聚集玩耍，而游泳池早已乾涸。家人們、老朋友也一個一個離世　她是最後的一位，彷彿她是負責關燈的人。

她的鄰居，住在樓下的一位六十七歲婦女，一直到了死後腐爛的惡臭氣味擴散，才被人發現，但是沒有任何人認識她；另一名六十九歲的先生，甚至在死後三年才被察覺。這三年間，每月房租及水電費仍舊自動地從他銀行帳戶的餘額內扣除，直到戶頭數字歸零，相關單位才留意到異狀。

伊藤女士在九十歲生日當天，寫了「辭世信」，信中交代了後事的安排。每天睡前，她會規律地關上窗前「紙屏風」，次日醒來再度拉開它。她委託了對面的鄰居幫忙注意紙屏風的開啟與關閉。

「如果哪一天早上，屏風沒有拉開，就代表我死了。」

七十八歲龜山獨居陳媽媽：在家中折紙蓮花——

社工訪問前，桃園龜山七十八歲獨居陳媽媽，總先用大花布蓋住餐廳的大圓桌。那是過去一家人吃飯時慣用的桌子，現在平日只有一個人在家吃飯，這張桌子許久不用了，桌面上頭已經擺滿了各式物品、餐具、藥罐等等。當有人要來訪前，她總是這樣遮掩著桌面的雜物，不讓外人看到。

多年前，老伴與兒子因病前後離世，唯一的女兒嫁到台北，她有自己的小家庭。女兒不常回家，但總會打電話回家聊聊工作雜事、生活狀況。但是長年獨居的陳媽媽，沒啥訪客，也鮮少跟朋友外出互動，老人家顯得憂鬱，家裡散發一種沉悶的氣息。

長庚醫院社會服務處的社工師，將她列為輔導個案，定期探視與關懷。劉姓社工描述，第一次拜訪，應門的陳媽媽一頭亂髮，居住環境還算整齊，但是客廳角落擺著幾只紙箱，裡面全是滿滿手折的紙蓮花，甚至一朵朵紙蓮花已經外溢在地面上。

陳媽媽說：「現在剩我一人，後事我也有所準備了，蓮花折好，這樣女兒也不用麻煩。」在沙發坐著聊著，看似一派輕鬆的陳媽媽，順手又拿起福金紙開始折了起來……。

七十二歲湖北的羅奶奶，日記裡寫著「今日無事」——

唯一的兒子在廣州工作，母親則獨自住在湖北老家，她已經七十二歲了，鄰人稱她「羅奶奶」。廣州真的遠，工作也無法讓兒子隨心所欲常常回家探視母親，一年也就一次兩次回家。上次回家的時間，則是春節過年假期，前後三天又離開了。

在兒子離開一個月後，母親生病了，羅奶奶自己撐著，沒多久就死了。母親去世的消息，兒子在三天後才知道。銜哀回家料理母親的後事，整理遺物時，發現了一本貼身的日記。羅奶奶退休前是一位老師，一直有寫日記的習慣。但退休後，孤零零地一個人過日子，時間長了，但可以寫的東西愈來愈少。兒子翻閱母親的日記，發現近一年來，寫得最多的是「今日無事」。

日記的最後一頁：「沒什麼事，我就先死了。」

他們正在等死的幾個特徵——

《老年的意義：我和那些老人共處的一年》，英文的書名是 Happiness Is A Choice you Make，幸福是自己所選擇的。書本裡提到作者的小結論：不出門、不好好吃東西、不服藥的人活不長。不吃、不藥這個好懂，對於「不出門」的老人，則標題「社交孤立會要人命」。書本探討：年長者剩下的時間有限，他們進行「某種時間規劃」，不再掛念令他們疲憊或需索無度的人，所剩的「時間」，他們會用支持自己人來填滿。

年老的人不再建立新關係，而是更依賴他們現有的人際關係。問題是，當支持自己的人、現有的關係一旦斷裂，情感交流停止，生命進入「麻木無感、無動力」階段，「不出門」成了表徵，也成了問題，這是個生死問題，也是社會問題，說「他們在等死」。

村上春樹《如果我們的語言是威士忌》說：「總之歲月漫長，然而值得等待。」對於「不出門」的人，顯然是絕對孤寂，是沒有任何值得等待的人，歲月漫長已經成了一種煎熬。

一些社會學研究者往往會列出長長清單，說明那些「正在等死的人」的特徵點：把生活等同於活著、消極悲觀情緒籠罩、不再嘗試改變、停止努力、精神世界空虛、對未來一片迷茫、感受不到生活的樂趣……我保留社會學者他們的泛眾說法，跳過這些清單。只來說說其中一個特點：「沒有了詩和遠方。」關於這個「生命絕對乾枯」特點，我有想法：

詩，就是對生命的讚詞或是傷懷。遠方，就是夢想和等待。

故友郭漢辰去世前一天，依舊寫著詩，凝視死神——

不管現在對自己的生活是滿足或是遺憾，對自己的生命是謳歌或是悲鳴，如果還「活著」，內心深處就會有對應的詩句，抒發對生命的深邃體驗。即使是「必死之前」，美人遲暮、病入膏肓、安寧期間……他們也會有詩，那是環繞著人類的靈魂航行。

屏東作家郭漢辰是我的故友，二〇二〇年三月二十五日凌晨病逝。他去世前十天，我在屏東眷村「勝利新村創意生活園區」，這是他所經營的「永勝5號」書店，有一場《哲學樹之旅》新書分享會，漢辰還擔任了我的引言人。當時，我知道他生病了，但是不知已經這麼嚴重。去世當天，從臉書傳遞來的意外噩耗，反覆看了幾次，現今想起仍是一陣傷痛和不捨。

漢辰的妻子翁禎霞，她在收拾心情之後，上午第一時間，即在臉書貼出郭漢辰過世的消息。臉書上她說著，漢辰前一天還在病房中惦念著稿子，最後由他口述、她代打字。

翁禎霞說他留下的最後一段文字是：「不知怎麼了，世界就停止了，人們忙著禁止旅行、人們忙著恐懼，忙著囤積物資，世界就停止了。……連我的世界都停止了。」「那個晚上，我在無邊無際的黑暗裡漫遊，偶爾有些片段的記憶，但多數是無邊的漫遊，彷彿沿著峭壁而上，我知道此路有些驚險……。」（文字未完，不可能有下文了）翁禎霞在臉書這麼寫著：

「沒有想到，他的世界竟如他所描述，真的停止了。」

即使是最後一天，郭漢辰依舊以詩的靈魂擁抱世界，然後優雅地告別親友。

活著的人最重要，活著就是要繼續走下去——

對生活索然無味，對生命已經沒有任何夢想，把自己活得像一座廢墟，殘破不堪，不知什麼是悲傷、歡愉。甚至對於「死亡」也不在乎，偶爾會對死神露出嘲笑的嘴角。

對自己的死亡，對他人的死亡，全不在乎。哀莫大於心死，或是卡在幽谷爬不出來，最後就放棄了。那是現代人的哀歌議題：「孤獨死」或是孤獨而死。

《實習醫生》（*Grey's Anatomy*）電視劇，有一段是資深醫生對著一位菜鳥醫生說：「如果死亡不能讓你動容，讓你更謙卑，那你跟本不適合作這份工作。」生生死死本來就是人生，面對死亡如果你不懂得謙卑，你無法懂得海德格（Martin Heidegger）那句「向死而生」哲理，那是在時間的限度裡，活出自己的生命。

二〇一六年夏天發行的日本動畫電影《你的名字》（君の名は），由新海誠編劇與執導，票房極好（繼宮崎駿之後第二位達成百億日圓票房的日本動畫導演），獲得許多大獎，當然這位一九七三年出生的導演，因此更引發了世人對「他的過去」的好奇與重視。宮崎駿的作品總能吸引闔家觀賞，而新海誠的作品特色，卻如二〇〇二年《星之聲》（ほしのこえ）作品所獲得的評論：「孤獨到讓人無法呼吸的電影，卻能療癒你內心的空洞寂寞，包含在等死的人。」

新海誠擅長描寫現代人的孤寂與憂傷，也擅長關注失去摯愛的痛苦與無奈。在作品裡，他一直說著一個道理：「誰都不可能跟誰在一起一輩子。」人類就是這樣子，必須習慣「失去」。

活得比較久的人、失去所有家人的伊藤婆婆、龜山獨居的陳媽媽、湖北寡居的羅奶奶……每個人在不同時間一定會失去一些人，包含摯愛。

白居易享壽七十五歲，在大唐年代他算是高壽了。隨著年紀的增長，白居易愈來愈瘦，他自稱「瘦仙」，或是「貧閒老瘦人」。這一段的終老歲月，白居易除了詩癖與酒興之外，便是援琴、聽歌。「七十期漸近，萬緣心已忘。不唯少歡樂，兼亦無悲傷。」這是他的〈除夕〉詩作，平日歡樂不多，可是經歷的悲傷事太多了。七十歲以後，白居易自言不再感到有什麼可以悲傷了。

會昌二年（八四二）七月，好友劉禹錫死了，七十二歲的白居易還是忍不住傷心，「不知箭折弓何用？兼恐唇亡齒亦枯」。關於自己一輩子的知交，白居易自謂「平生定交取人窄，屈指相知唯五人」，他說連自己五人是「相知」，五人之中，長慶元年李建死了，大和五年元稹死了，大和七年崔玄亮死了，如今劉禹錫也死了，大家都辭世了，僅剩自己一人……「失去」是人類永遠的生命課題，古人如此，現代人也是如此。

新海誠在《追逐繁星的孩子》（星を追う子ども）作品裡，他依舊表現著「你不是一個人，我們都好孤獨」態度。電影裡隱藏著許多關於人生的話題：「在死亡面前，每個人都像個孩子。」新海誠閉口不談死亡，卻以最溫柔的方式告訴觀眾：「活著的人最重要，活著就是要繼續走下去。」

建設公司的行銷金句：「餘命很貴，不要浪費」——

歲月漫長，戛然一個人！真是啃食人心的孤寂。

社會學家說「在等死的人」多是「剩下一個人」寂然狀況，他們的「與人親密的對象」消失了，所以造成內心窒息與壓抑的處境。「什麼是親密？」心理學家說那是一種「心理的安全」，真正的安全可以導致「真正的親密」關係，所以一旦失去親密的對象，從這一方來看對面的一方，就是死亡。

我常想：在等死的他們還做夢嗎？他們又做了什麼夢？人生就是因為「失去」，因為無常，才會惆悵？因為親密的對象消失，才讓人無法忘懷，才讓人痛不欲生，才進入「等死」模式？

孤寂地「一個人」生活，大部分都是從「自哀自憐又悲情」開始，之後不自覺地變得睡眠時間過多，或是睡眠過少，對自己以前喜歡的興趣與嗜好，變得無感。發現「時間變多」了，卻不曉得日子怎麼辦，隨時隨地沒有安全感，也開始控制不了情緒……。

「戛然」是形容金石相擊的聲音，尖銳而快速。所謂「戛然一個人」，就是「做自己主人」的時刻猛然來臨，然而許多人卻怯場了，突然面對「可以真實地做自己，不要附和他人，不要偽裝自己」新狀況，他們顯得不習慣，不知所措，甚至害怕而退卻。

過去的日子，他們或許希望「不用在乎別人的生活標準」，渴望「不用再接受他人的日常擺布」。現在「戛然一個人」了，終於可以實現過去的夢想，追求「自自由由」。但他們卻凍住了，像是一隻加拿大野鹿，在夜間猛然被燈光照射，嚇住了。

人哪，會看著遙遠自在的行雲，嚮往天上的舒卷和漂流。如果戛然一個人，卻又害怕寂靜無聲，害怕那種只剩自己一人與反覆陷入自我思緒漩渦。

我們要說的是，讓「失去」的哀傷情緒走完之後，「自我照顧」成了新課題，等死絕對不是唯一的選項。自己要想辦法度過，或者尋找協助，讓生命重新有「詩和遠方」是很重要的！

資深媒體人詹偉雄提問「人到了中年，你該問自己，這輩子有沒有爽過？」他在中年後迷上登山，那是他新開發的樂趣，也是哲學思考後的必然：「在城市裡，你接觸不到太多自然，大多時候人待在冷氣房裡，可能連四季變化的感受都不太明顯；走入山裡，你才能感受到自然的存在原來這麼巨大，對照出人的世界裡，很多事物其實小得可以。」

他也說，接近大自然之際，「就算只是一片葉子、一道光線或是吹過身上的風，如果你的速度夠緩慢，都可以感受到其中的神祕和詩性。」

二〇一九年，國泰建設在北投與地主華威推出預售建案，針對目標客群與當地環境，他們在這次行銷上創造出「餘命很貴，不要浪費」、「再不開心，就要老了」、「過你喜歡的生活，喜歡你過的生活」，他們用金句撩客，業績非常成功。從銷售心理探究，他們確實掌握了「面對終年，我們要未雨綢繆」的「不想等死的族群」。

等天黑、等老、等死，絕對不是人生答案。生命其實不是個待解的難題，而是去發現生活的奧祕，那是想辦法體驗每天的滋味，努力用整個身心去感受過什麼，不要傻傻地坐以待斃。去做自己真正喜歡的事，然後「向每一個夕陽敬酒」，即可。

第八章

不想麻煩兒女

八十歲的工藤信一說：希望盡量讓自己更輕盈後再離世——

日本這幾年的「共享經濟市場」快速成長，甚至成了潮流。背後的因素很多，其中低經濟成長、ＩＴ技術進步都是。另外，現代人對「擁有」觀念也大大改變：需要的東西只在需要的時候借，或者就算買了，只要「不需要了」就會立刻賣出。

「有很多對自己已經沒有價值的東西，對別人來說可能有價值，這能衍生出新的價值。」像這樣個人持有的東西或服務，在網路上跟需要的個人「交易行為」，被稱為「共享經濟」，不只二手商品的分享，包括汽車共享、行動電源共享、出借自家的民宿都是。

於是，二手商品交易平台風起雲湧。Mercari 是當下日本這個領域的最大規模者，二〇一八年六月在東京證交所掛牌上市，也公布近一年的營業額，比前一年增加百分之六十二，創史上新高。因使用族群擴大，交易手續費總額持續增加，其中最引人注意的現象是：過去多年輕人使用的二手交易平台，現在在日本，高齡使用人數也變多。ＡＰＰ使用者，大舉推向高齡化，他們頗熱衷。

八十歲的工藤信一，夫妻倆也在平台上賣出各式各樣的東西，包括從父母手上繼承的和服，甚至還有迷你耕耘機。工藤接受ＮＨＫ採訪時介紹說，他想把母親的掛軸拿出來賣，首先得幫商品拍照，再把照片貼上網路，標下價錢。拍照同時，他跟太太兩人討論售價：「賣一萬日圓如何？」「有點太貴了吧。」最後這幅畫作，工藤夫婦最後定價七千日圓，約台幣兩千塊錢。

工藤信一結論：「想到自己走後的事，孩子們要處理遺物也很困擾，希望盡量讓自己更輕盈後再離世。」不想麻煩兒女，真是優雅的日本老人。我以為「不怕面對將來的死亡」，晚年的日子會更優雅，每天的生活會更踏實而篤定。

八十七歲羅絲老奶奶演講：我們是因為停止玩樂才會變老！——

美國羅絲奶奶決定就讀社區一處短期大學。開學第一天，教授致辭後要求新生們主動去認識新朋友，滿臉皺紋的老奶奶轉身向旁邊的年輕男同學說：「嗨，帥哥，我叫羅絲，今年八十七歲，我可以抱你一下嗎？」這個陽光同學笑著同意，問她：「你年紀這麼小，怎麼就來上大學了？」羅絲調皮回答：「我準備來釣個金龜婿，生幾個孩子，然後退休去雲遊世界⋯⋯。」

開朗的羅絲總能輕易地交到新朋友，也成了學校的名人。她經常把自己打扮得漂漂亮亮，陶醉在同學對她的關注。學期末了，她受邀去一個學校社團晚宴演講。主持人介紹完畢，她碎步上台，準備開始演講時，手中的講稿不慎滑落。

有幾秒鐘的愕然，她顯得有些懊惱與靦腆，不過轉念間，她立刻對著麥克風說道：「抱歉，我最近老是掉東西，剛剛我本來想喝杯啤酒壯膽，卻喝了威士忌，沒想到那玩意簡直要我的命！」她的幽默得到大大掌聲與笑聲。接著說：「看來我是不記得事先準備的東西，那我就來講最熟悉的事情吧！」

「我們不是因為年老而停止玩樂，而是因為停止玩樂才會變老！」她也說了關於自己青春永駐的祕訣：笑口常開，幽默風趣……期勉大家時時懷抱夢想，當失去夢想之際，就形同死亡，我們周遭有許多人像是行屍走肉，卻毫無自覺。

羅絲又說：「變老與長大之間有很大差別，任何人都會變老，但不是所有的人都會長大。長大的意思是，你必須不斷在蛻變中找尋成長的機會，善加利用。」「要活得無怨無悔，上了年紀的人，通常不會因做過的事而後悔；卻常因年輕時，未曾去做自己想做的事而遺憾。只有心懷遺憾、悔恨的人，才會恐懼死亡。」

一年後的冬天，羅絲完成她的學業。畢業後一星期，她在睡夢中安詳去世，超過兩千名同學參加她的葬禮。

八十一歲的美國參議員馬侃：你可以在我的葬禮，為我致悼詞？——

二〇一七年夏天，美國參議員馬侃（John McCain）得知自己所罹患的腦癌已經末期了。當時他八十一歲，被許多美國人視為「越戰英雄」，屹立政壇三十五年。之後，每個星期五開始在國會大廈辦公室，馬侃和自己親信助理開會，討論「自己的後事」，偶爾到小酒吧繼續計劃如何治喪。馬侃平常心面對死亡，關於一次一次的開會，他自笑好像是選戰策略會議。

馬侃親自挑選了愛爾蘭民謠〈丹尼男孩〉（*Danny Boy*）和數首愛國歌曲，當是自己的喪曲。他也開始與共和、民主兩黨，甚至一位俄羅斯異議人士接觸，請他們致悼詞或是擔任扶棺人。其中一位是前副總統拜登（Joe Biden），馬侃邀他到家裡來，兩人相談數小時，馬侃請求拜登為他在亞歷桑州鳳凰城的追悼儀式中致悼詞。

馬侃於二〇一八年八月二十五日去世。

儀式開始，拜登開場便說：「我的名字是喬・拜登。我是民主黨人。我敬愛馬侃。」馬侃是共和黨人，他曾經代表共和黨參選過美國總統，敗給歐巴馬與拜登組合。拜登致辭：「我一直把馬侃當手足。兄弟鬩牆是常有的事，但彼此緊密的情誼更勝政治分歧。」

在鳳凰城的州議會大廈的追悼儀式結束，覆蓋國旗的靈柩以軍機送往華府，馬侃的告別式將在華府的國家大教堂舉行。〈丹尼男孩〉歌曲也即將嘹亮：

噢！丹尼少年

笛聲正在召喚

從山谷間到山的另一邊

夏天已走遠，花兒都已枯萎

你得離去，而我得等待

當你回來了

夏天再回到草原上的時候

或是當白雪覆蓋山頭，山谷沉靜的時候
不論是陽光或陰影，我一定會在那兒
噢！丹尼少年，我是多麼的愛你

如果你在百花凋謝的時候前來
那時我已經逝去，安詳地逝去
你會前來，找到我長眠之地
蹲下來和我說「再見」

當你輕柔地踩在墳穴上面，我依然傾聽
我所有夢想，也將會更溫暖而甜蜜
如果你真的對我說你愛我

直到你來我身邊
我會在平靜中安息

一〇四歲的澳洲科學家，選擇了安樂死——

澳洲的大衛・古德（David Goodall）教授是一位著名的生態學者。年輕時曾在墨爾本大學任教，之後先後在美國加州、猶他州大學擔任沙漠生態學領域的教授，最後回到澳洲的大學從事生態學的研究工作。七十年的研究生涯中，曾寫了一百三十多篇論文，獲得三個博士學位，還得有「澳大利亞勳章」。

退休後，他依舊在熱愛的生態研究領域泅泳，幫著不同的生態雜誌審閱和編輯文章，偶爾也發表自己最新的文章。他還經常乘坐小船去觀察海豹，或是前往無人島探索野生生物。二〇一五年，已經一〇一歲的他還獨自搭乘火車，從達爾文城到阿德萊德考察。一〇二歲時與女兒以及一組學者到西澳外海的小島調查。

古德教授開心地活躍在一些沒有報酬的學術工作，負責審閱學術論文、監督和輔導博士研究生。因為高齡，他已經不能自行開車，所以每天都搭乘公車去學校上班。這個移動過程：換乘兩趟公車、一段火車，全程九十分鐘。校方考慮他的狀況，慎重做了決定，要求他在二〇一六年八月之後不要再到學校了，在家辦公即可，並且允許他在有人陪同的情況下，參加一些學校會議。

二〇一八年，初春的一天，一直獨居的他在家中摔倒了，無法動彈。當時他躺在地板上呼救，可是沒人聽到。直到兩天後，他的清潔工來家裡打掃，才把他送入醫院。之後，醫生禁止他搭乘公共交通工具，甚至一個人獨自過馬路。四月四日生日，在家人與朋友祝福的生日聚會，他說了自己的願望：「I want to die. 我想死……我認為，像我這樣的老人應該享有全面的公民權利，包括在他人協助下自殺的權利……。」

他說，當一個人過了中年後，社會曾經給予他的東西，他早已經還清了。餘下的生命，他有權自由選擇怎麼過。如果他選擇自殺，那麼其他人也不應該干涉。

對於死亡，古德教授說，他既不恐懼，也不難過。他補述：「死亡並不殘忍，這是一件很自然的事。活了幾十年之後死去，這沒有什麼好難過的。」他的女兒凱倫是一名臨床心理學醫生，她說：「雖然我不希望父親離開，但是我理解他的感受，他現在對於自己的生活、自己的身體、自己的視力沒有任何掌控能力，這對他來說是一件喪失尊嚴的事。」她也說：「無論發生什麼事，無論他做出什麼選擇，我們都尊重他。」

「安樂死」在澳洲並不合法，但是在瑞士合法。他最終選擇了瑞士，經過嚴格的審查，古德教授擁有他的遺願執行權。他先飛到法國，停留幾天，看望了家人。當地有很多親友，甚至從世界各地飛來的親友、學生們，大家都來見他最後一面，祝福再見。

五月七日，他最終到達瑞士。經過幾天審核，最後吃完最愛的魚薯條和奶酪蛋糕，聽著他最愛的貝多芬第九號交響曲。遺言耐人尋味：

「認真地活，有尊嚴地死。如此，才對得起生命。」

津端修一信奉著「人活得愈久，人生會愈美麗」——

二〇一七年，日本紀錄片電影《積存時間的生活》（人生フルーツ），上映之後受到空前歡迎。紀錄片說的是，有一對老夫妻的退休生活，讓人們看見了「實踐了生活的美好」。悠然而自適的兩位老人，津端修一與英子夫婦，影片拍攝時他們的年紀分別為九十歲、八十七歲，兩位結褵已經超過六十五年。

東京大學建築系畢業的津端修一，師承建築大師安東尼・雷蒙（Antonin Raymond）和板倉準三。他參與日本多數可觀的都市計畫，並以「高藏寺新城計畫」獲得「日本都市計畫奧斯卡」的「石川獎」。他的城市規劃宗旨為「無論蓋多高，也要留住美麗視野」。

經驗豐富的津端修一，在四十多年前，自建黑瓦木屋，住家的小鎮地點，就是他年輕時曾經受邀規劃在名古屋郊區「高藏寺新城」的開發計畫。當年，住宅公團首席建築師的他提出了留地植林、引風入道的建築概念，他讓居住的人能感受到自己是與大自然共存的。但是地方政府考慮到發展經濟，並沒有採納他的規劃。修一的理念最終沒有實現，於是他退出計畫，選擇在高藏寺鄉間定居。為了彌補遺憾，他從自身做起，挽起袖子，努力修復因為強勢開發、砍林破土的新城區域。

「我們可以從自己做起，把森林種回來。」津端修一號召當地居民為未來無數將生活於高藏寺的世代，種下影響深遠的樹苗。

夫妻倆在光禿一片的土地，造屋深耕。自此在自己的土地裡耕耘半生，他倆的住家承載了夫妻的生活之道。房子格局是模仿他最尊敬的安東尼・雷蒙老師的居所，兩層樓木造樸素住宅，沒有玄關，挑高的天花板讓空間顯得開闊，落地窗有夏木的枝頭遮擋了陽光，在室內可以方便看到院子的四季更迭。

兩人在三百餘坪院子裡種下了一百八十株樹木，其中有五十多種果樹，另外多達七十種菜蔬，從耕土、播種、培育、收成、調理到食用。津端英子善用自家栽種的作物變出櫻桃醬、草莓蛋糕、可樂餅、番茄醬、麻糬……「我的任務就是讓他吃到他想吃的東西」，笑起來眼睛瞇瞇的英子女士靦腆地說著：「因為一直以來，修一也總是支持我做自己想做的事。」

四季分明的農作與園藝，隱居山林的生活樣態，與日本時下的一些下流老人又窮又病又孤獨，大大不同。於是紀錄片導演伏原健之，在第一次拜訪津端夫婦家，就被他們猶如「童話」般的退休生活給吸引。他決定要拍攝「津端夫妻」的退休生活，要給世人不一樣的退休故事。導演鍥而不捨終於獲得這對老夫妻首肯，拍攝兩年下來，竟累積四百多卷影片，記錄了兩人極為自然的生活，以及充滿文化底蘊的生命哲學。

若不想讓光陰流逝，就要「積存時間」讓人生結出果實。

精采的紀錄片，也傳達了一個訊息：一個人退休後，二十年、三十年……不管多少年的餘命，「如何度過這剩餘的年日」，就決定了人生的品質。兩位相依相持的老人家，拒絕與孩子、孫子同住，常說：「我們無法給下一代金錢財產，但能留下富饒的土壤，讓他們能種出甜美的果實。」向自然表達敬意與和諧共存的真心，這是他們善待這塊土地的自豪，也留下美好的「環境哲學」給孩子。

我不知道這個世界會怎麼看我vs我心靜如水——

發現地心引力的牛頓（Isaac Newton），他是一位英格蘭物理學家、數學家、天文學家、自然哲學家和煉金術士。他出生於一六四三年，歿於一七二七年，享壽八十四歲。一六八七年他發表《自然哲學的數學原理》，闡述了萬有引力和三大運動定律，奠定了此後三個世紀裡力學和天文學的基礎，成為了現代工程學的基礎。

晚年，牛頓在一篇回憶錄中寫道：

我不知道這個世界會怎麼看我。但對我而言，我僅僅是一個在海邊嬉戲的頑童，為了時不時發現一粒光滑石子或一片可愛的貝殼而歡呼。可是，在此同時，對於我所面對的偉大真理海洋，卻視而無睹。

牛頓逝世後，安葬於倫敦西敏寺，成為英國史上第一個獲得國葬的自然科學家。英格蘭詩人亞歷山大・波普（Alexander Pope）為他寫下了以下這段墓誌銘：

自然和自然的法則隱藏在黑暗之中。

上帝說：讓牛頓出世吧，於是一切豁然開朗。

我大學時期主修數學，關於「微積分是誰發明的？」頗是好奇，後來知道牛頓是發明人之一，認真爬梳了一些他的故事，牛頓和萊布尼茲（Gottfried Leibniz）「各自又同時」共同發明了微積分，這個「巧合、同時」已被今日學界所認定。當時他們分別發展自己的微積分理論系統，不過兩人甚至為了「誰是唯一發明微積分的人」彼此告上英國皇家學會。兩個人的江湖恩怨，瑜亮情結，演變成英國與歐洲大陸科學界之間的決裂。科學史記載：牛頓與萊布尼茲的微積分成就，同樣偉大並影響後世深遠。雖然他倆想法不同、貢獻各異，但都同樣表現了人類心智發展的高度結晶成果。

牛頓他除了力學之外，光學也頗有貢獻。一七〇四年，六十二歲的牛頓有了新書《光學：光的折射、反射、繞射和顏色》。我卻對牛頓晚年生活樣貌，有了好奇。

一七〇五年，六十三歲的牛頓被安妮女王封為貴族，生活富裕。此時他擔任英國皇家學會會長，繼續以鐵拳統治著學會，前後時間達二十四年。年紀更長之後，他對物理不感興趣了，對於自己愈來愈接近死亡，他反而專注宗教，離開哲學。

有關晚年牛頓的回憶錄，他帶有謙虛，又帶有憂心「我不知道這個世界會怎麼看我」的心情，似乎頗在意死後世人如何評價他，但是有人則不然，樹木希林去世前四個月，二〇一八年五月，接受採訪，最後被問及現在的心境？她說：「現在我能夠很有自信地說，直到今天的人生，非常圓滿。就在這裡向大家說再見了。」

我喜歡拿二〇一一年楊絳《一百歲感言》對比牛頓的回憶錄，她完全不在乎「這個世界會怎麼看我」，她對生命有總結：「我們曾如此渴望命運的波瀾，到最後才發現：人生最曼妙的風景，竟是內心的淡定與從容……。」

感言前兩段文字，她說：「我今年一百歲，已經走到了人生的邊緣，我無法確知自己還能走多遠，壽命是不由自主的，但我很清楚我快『回家』了。我得洗淨這一百年沾染的汙穢回家。我沒有『登泰山而小天下』之感，只在自己的小天地裡過平靜的生活。細想至此，我心靜如水，我該平和地迎接每一天，準備回家。」

人生是一場旅行，在乎的不是目的地，是沿途的風景以及看風景的心情。

死前，讓我以喜歡的方式去活——

日本近年來流行一個詞「終活」。

它起源於二〇一一年日本導演砂田麻美執導的紀錄片《多桑的待辦事項》（エンディングノート/Ending Note）。十年來，「讓生命善始善終」的終活觀念，已經成為日本中老人間的一股主流風潮。

臨終時是驚慌倉促？狼狽不堪？負隅頑抗？平靜從容？橫眉豎眼？幽默微笑？

日本已經進入老齡化社會，「終活」的態度成了顯學，樹木希林最後一本書《離開時，以我喜歡的樣子》，書名已經說明了一切，那是一種勇敢的生死哲學。但也說明著，另一個角度是「死前，讓我以喜歡的方式去活」。死亡，是我們人生要跨越的高牆，面臨眼前的高牆，我們是否該靜下心來，找出「覺悟」。

在經歷一生後，開始正式面對自己即將到來的死亡，有人甚至更把它納入生活日常待辦事項，嚴肅地對待它，擬定終活計畫。

愈來愈多日本老人參觀火葬場，向專業人士學習如何寫遺囑、拍遺照，寫臨終筆記，正面地面對死亡，為臨終做準備。無論是遺照挑選、告別式規劃、遺產分配等相關事項，都由自己預先準備，準備為人生畫下完整的句點。

他們說：「有了覺悟之後，心情就輕鬆許多了啊！」接下來是，努力活出熱情的生命，堅毅而坦然地死去。

第九章

七十歲，我選擇重新開始

七十一歲重拾攝影興趣，八十六歲忙戀愛，一〇二歲獲露西獎！——

笹本恆子說：「自己力量的祕密，便是充滿了好奇心。」

有國際攝影界奧斯卡之稱的露西獎（Lucie Awards），二〇一六年「終身成就獎」得主是一位日本女性——笹本恆子。

話說露西獎的由來，Lucie 是從拉丁文 Lux 演化而來，Lux 在拉丁文的意思是「光」，光之於攝影，那是核心的本質與魅力。所以，「露西獎」堪稱「光之盛典」。美國露西基金會成立於二〇〇一年，是國際上深具影響力的贊助攝影創作、攝影活動和攝影教育的機構之一。露西獎的創設，則始於二〇〇三年，被譽為國際攝影界的奧斯卡獎，雖然成立至今僅僅十多年，卻已深得這項專業領域的尊重與嚮往。

然而笹本恆子得獎時，她已經一〇二歲。這位出生在一九一四年的女性，是一家和服店老闆的女兒。她也是「日本第一位女記者」，這位傳奇女子，年輕時踏足攝影界是因為朋友的一句話：「日本傳播界，很少有能進行新聞報導的攝影師，女性新聞攝影家更是一個都沒有，你要不要成為第一個女性攝影家？」從父母反對、外界歧視、同行不樂見等等壓力之下，漸漸地，恆子在攝影圈贏得同行的尊重，打出名號。一路下來，她進入皇室拍攝，見證了社會巨變、街頭抗爭、太平洋戰爭、東京大地震、日本泡沫經濟……。

她的傳奇人生，有文章如此註腳：「她四十九歲創業，七十一歲重拾攝影興趣，八十六歲忙戀愛，九十七歲頑強復健，一〇二歲獲露西獎！」

得獎時，她說：「都來不及活了，哪有時間去死？」引起眾人大笑，卻也引人深思。也因為得獎，大家對她的經歷更加好奇。笹本恆子出生於東京，那是「女人一定要在家相夫教子」的時代，二十六歲憑著「任性」挑戰世俗：「我就不相信不能有女記者，我偏要成為第一個！」次年，她果然成為日本第一位拿相機拍照的女記者。同時，她更以能力與不服輸的精神贏得了所有人的認可與尊重。

四十九歲時，她所待的雜誌社倒了。失業的她，想起自己少女上學時曾經學過的裁縫手藝，加上自己生來對設計的獨特見解，開了家服裝設計店，拿起畫筆，設計衣裳。她說：「時尚不是靠錢堆積，而是用頭腦來創造。不用花很多的錢，就能享受到快樂，這才是真正的奢侈。」過半百的人生，「時尚」開啟了她另一扇大門，也燃起了求知與好奇，學花藝、繪畫、珠寶設計……。

這時她有了第二段婚姻。第一段婚姻的對象，是年輕的記者同事，幾年後離婚做收。新的婚姻維持了二十年美好甜蜜時光，她說這是一生中最安心的一段日子，直到一九八五年，丈夫因病溘然長逝，也結束了她平靜的幸福。大哭一場之後，她又拿起相機，重新回到攝影師的行列，那年她七十一歲。她化悲痛為力量，同年舉辦了名為《為昭和史妝點色彩的人們》的攝影展。她依照丈夫的囑咐，繼續笑對生活，說：「七十一歲，是許多人的退休年紀，我選擇重新開始。」恆子以攝影展當是重出江湖的起手式。

八十六歲那年，笹本恆子還去了法國旅行，遇見了同樣愛笑的查爾斯，他是一位雕刻家，兩人情投意合，心心相印。她像是少女陷入愛情，可惜當她鼓起勇氣，將寫「I Love You」的聖誕賀卡寄出去時，死神先她一步，奪走了查爾斯的生命。遺憾和懊悔，淚水讓她更加堅定自己的初心：「想做什麼就去做，上天不會給你時間拖沓，否則終將一事無成。」攝影，成了她的終身事業。

二〇〇一年，她獲得日本鑽石淑女獎、日本攝影協會功勞賞，並舉辦了引起廣泛迴響的《恆子的昭和》個人展。之後，她還將自己的親身經歷寫入書中，陸續完成《千金小姐攝影師的昭和奮鬥史》、《笹本恆子寫真集》、《97歲的幸福論》、《為昭和時代妝點色彩的人們》。書本文字裡，不寫苦難，只有暖人的陽光，指引人們前進。

二〇一〇年，九十七歲的恆子在家裡跌倒，嚴重的骨折，醫生認為她很難再站起來，安慰她說：「老了，可以認命了。」但她拒絕搬入養老院，反而積極復健，自稱「九十七歲，想做的事情，還有一大堆……如果沒有夢想，人生就結束了！咚咚咚，我要拍攝到心跳停止的那一天」。醫院的護士這樣評價恆子奶奶：「第一次遇見九十七歲了還那麼認真復健的人。」

一邊復健，恆子一邊著手準備以花為主題的攝影計劃《花的光芒》，希望用花朵來悼念那些已經去世的好友們。二〇一一年，她出版了《97歲的好奇心女孩》，講述自己的生平、經歷，以及人生觀。她說自己力量的祕密，便是充滿了好奇心。因為這樣的年資和正能量，她以瀟灑的人生想法，進一步受到矚目。也於同年，得到四十五屆吉川英治文化賞、日本寫真協會賞等榮譽。

一百歲那年，她獲得最佳著裝特別獎，這是史上最年長獲獎者的紀錄。日本官方也為恆子舉辦了浩大的《笹本恆子百年影展》，日本媒體陪一百歲的恆子過了一個隆重而圓滿的世紀生日。

二〇一六年，一〇二歲的她獲頒露西獎，與一群世界攝影大師等列齊名。她致詞說道：「失去夢想的那一刻，便失去了人生。」

二〇一八年，一〇四歲的她依舊晚上十一點睡，早上五點起床，喝杯酸奶潤潤嗓子，然後打開電視，聽聽英語類節目清醒一下，再做做伸展操。接下來，她就會看看當天的報紙，在手冊上記錄下想要採訪的人、感興趣的事、想學會的新料理菜譜、實用的英語對話……。

有雜誌訪問她有關長壽的問題，她說：「只要好奇心還在，無論多少歲，總有新的開始。如果老想著我都這個年紀了……那就完蛋了！我現在依然有想要見的人，想要去的地方，哪還有工夫去死呀！」

八十三歲劍橋碩士，八十六歲劍橋博士，八十九歲北大博士——

金庸說：「那是一種文化享受。」

二〇一八年最後一天，udn.com 有一篇報導。

「二〇一八從人生列車『下車』，謝謝你們留下的美好」，列出一串在二〇一八年過世的名人，名單前有一段引子：「人生有如列車，駛向各人不同的終點。有人離座後就被遺忘，有人下車後，仍受到同行者的懷想與追念。」

十九人名單如下：

金庸，九十四歲。不朽武俠江湖，寫入你心。
霍金（Steohen Hawking），七十六歲。解謎宇宙理論，預見未來。
沈君山，八十七歲。通天文精圍棋，瀟灑哲人。
李敖，八十三歲。台灣第一才子，笑傲兩岸。
孫越，八十七歲。正能量代言人，奉獻公益。
嚴凱泰，五十四歲。裕隆中興少主，默默行善。
羅慧夫，九十一歲。守護孩子笑顏，整形之父。
史丹・李（Stan Lee），九十五歲。美國漫威之父，重塑英雄。
傅達仁，八十五歲。傳奇體育主播，不服死神。
張清吉，九十一歲。出版界唐吉軻德，譯書先鋒。
吳兆南，九十三歲。相聲傳遍世界，弟子滿門。

洛夫，九十一歲。領航現代文學，百變詩魔。
王大閎，一〇一歲。現代建築大師，融貫東西。
二月河，七十三歲。清宮劇新高度，寫活三帝。
江丙坤，八十六歲。兩岸交流推手，拚命三郎。
胡佛，八十七歲。自由主義先驅，啟迪學界。
楊國樞，八十六歲。華人心理學界，一代宗師。
櫻桃子，五十三歲。畫櫻桃小丸子，昇華童年。
老布希（George W. Bush），九十四歲。美國老派總統，熱愛跳傘。

哲人已萎，二〇一八年這一份名單令人動容。其中逝世於十月三十日下午的金庸，udn.com 簡介說道：他是武俠小說家、報人、政論家，也是成功的經營者。他是為國為民的郭靖、深情狂放的楊過、才智絕倫的黃藥師，也是永遠挑戰權威的令狐沖。

金庸用二十年寫十五部小說，創造三千個不朽的人物，讓讀者都能找到最有共鳴、可以投射自己的角色。他在人人心中打造一個江湖，讓販夫走卒都懂得重情重義，市井小民也明白淡泊名利。

他不畏挑戰權力，主持《明報》三十年寫了七千篇社論，揮筆為劍，刺向當權者要害。他不斷挑戰自己，三度改版小說、無懼顛覆書迷心中經典，更以八十歲之齡赴英攻讀碩博士學位，完成當歷史學者的夢想。他說：「人生就是大鬧一場，悄然離去。」這樣痛快瀟灑的人生，金庸用一生活出個「俠」字。

金庸去世當天，許多媒體即以最快速度傳播這則新聞。金庸的兒子答覆記者僅回七個字：「下午走了，很安詳。」其後，他在微信上傳了幾張金庸生前圖片，並留言「有容乃大俠客情，無慾則剛論政壇。看破放下五蘊空，含笑駕鶴倚天飛」。消息傳出，當晚襄陽城牆有多人點起燭光，搖曳的點點光亮，思念與感謝籠罩著大家。

「大風號」媒體開放平台在晚上九點多，即以標題：「金庸辭世前病了很久！曾談遺言『死後一二百年仍有人看我的小說。』」報導中說道，極其謙虛的他曾經聊過自己的作品，他說寫小說的目的就是傳遞正義。有記者問他：「現在社會上仍然俠義不足，請問，文學作品在傳遞俠義精神方面，到底有多大的效果？」

金庸的回答是：「我的小說在傳達俠義上還沒成功，但是我依舊堅持這個目的。文學能夠打動讀者的心靈，對好的東西褒獎，對壞的東西批評，從而達到淨化心靈的功能。」

對於金庸的諸多創作與事業之外，我一直好奇他的「八十歲攻讀碩博士學位」過程與企圖心。根據二〇〇七年三月十一日報導，說八十三歲的金庸已通過英國劍橋大學碩士論文口試，即將取得碩士學位。約一個月後，金庸將再赴倫敦，繼續花三年時間攻讀博士學位。報導中，金庸提到「最有趣的是評委們詢問我攻博的選題，多次被否定後才通過了。」

他先提出「最後的羅馬兵團」選題，但歐洲學者認為「匈牙利與中國歷史上的匈奴無關，匈牙利人只是中亞西亞人的一支」。第二選題「武則天」，評審委員表示，武則天題材寫的人已經很多，其中林語堂研究得頗有成果，甚至外國也有不少，選題不太有新意，建議換選題。第三選題「唐朝時期的大理國」，評審意見是大理國後來在歷史上消失，此研究課題距現實太遠，沒有必要為此耗費時間。最後，大家對「玄武門之變」很有興趣，於是《初唐皇位繼承制度》（*The Imperial Succession In Early Tang China*）博士論文選題確認。

金庸說，自己對「玄武門之變」一直存疑，最近的考古證實他疑之有理：當時太子的東宮與皇帝的宮殿間有一條直接的通道，而歷史記載的「玄武門之變」卻繞了那麼多彎道。這段歷史有必要重新審視。他說會到西安、北京做研究，也會到台灣故宮，金庸補述：「台灣故宮博物院近期會展出一批館藏珍品，難得一見。我希望能親眼目睹，這不僅是讀博士的需要，也是一種文化享受。」

三年後，二〇一〇年，八十六歲的金庸完成劍橋大學博士學位。之後，他又在北京大學攻讀中文系博士，並於二〇一三年取得博士學位，這時已經八十九歲。金庸在訪問中提到，申請課程之初，只求學問，不求學位。永遠保有赤子之心，其他事情都是水道渠成。

而我終於懂得他的「文化享受」意義，也積極地，進一步理解他晚年生活與心思。二〇〇七年香港科技大學頒發「文學榮譽博士學位」給他。二〇〇九年，他獲頒「二〇〇八年影響世界華人終身成就獎」，金庸也陸續應邀四處演講。二〇一二年七月四日，他受劍橋大學之邀立了一座高五英尺的「金庸碑」（Cha Stone，金庸的本名為查良鏞），詩碑位於聖約翰書院後院的學者花園（Scholar's Garden）裡。揭碑儀式當天，聖約翰學院院長克里斯・多布森（Chris Dobson）致詞，表彰金庸在劍橋學習的優異表現，稱許他孜孜不倦、「活到老，學到老」的學習精神，深厚的文史功底，樂觀豁達的生活態度，在此人物薈萃之地被永遠鐫刻「笑傲江湖」。

劍橋大學的「徐志摩詩碑」相當著名，刻著〈再別康橋〉裡「輕輕地我走了，正如我輕輕地來；我揮一揮衣袖，不帶走一片雲彩」。金庸詩碑卻不刻他著名的小說創作縮寫「飛雪連天射白鹿，笑書神俠倚碧鴛」代號句子，那他留下了什麼「人生珠璣」？答案是二〇〇五年入學時的創作：「花香書香纏綣學院道，槳聲歌聲宛轉嘆息橋。」這是描述他在淡泊之年，眼中的劍橋大學美景，也是晚年他沐浴在豐富的「文化享受」裡的讚嘆。字跡為金庸手書。

二〇一八年十一月十一日，我在香港。因為受邀參加一場在中環「大館」對談，有了三天兩夜行程。活動結束次日，一個人閒走荷里活道「文武廟」和古董巷弄……。回到酒店，看著ＢＢＣ正在直播「第一世界大戰終戰一百年」在巴黎凱旋門舉行的紀念活動。嗯，我慨嘆著「已經」一百年了，也納悶著「才短短」一百年？然而，怎麼人們都學不到歷史教訓？我完全忽略當天雙十一購物節創下了什麼紀錄。

十二日，預計離開香港的時間是下午，友人傳來簡訊，說「金庸館」今午有活動。我忙著計算「我如果趕去香港文化博物館，參加『金庸館』的弔唁簽名活動」，來得及趕上回台北航班時間嗎？在香港三天，最後一天，巧遇當天紀念館下午正式開放書迷悼念簽名，「義理上」應該去向他心香致謝，感謝他的武俠世界豐富了我的青春……。最後，我決定在香港天空，跟他說謝謝！說再見！

六十六歲獲頒普立茲獎，七十四歲從事務所退休，以建築設計周遊列國——

貝聿銘說：「如果要從旅行中獲益，就必須先學好歷史。」

我這個年紀，有時醒得特別早，既然醒了，就不特別掙扎讓自己再度睡著，往往順勢就坐在床上閱讀或是整理文稿。五月中旬清晨，看到新聞「建築大師貝聿銘辭世，享壽一〇二歲」，《紐約時報》週四（二〇一九年五月十六日）報導：「曾獲得有建築界諾貝爾獎之稱的普立茲建築獎，也是世界知名的華裔建築大師貝聿銘已於本週三（十五日）辭世，此事已獲得貝聿銘兒子貝建中證實。」

看了新聞，瞿然起身到了書桌，開始寫著關於他的一些建築事：過去我對他所感受的，我曾從他身上學得的。

我喜歡建築，年輕時無法進入此領域，偶爾興起些許遺憾。到了中年，轉而樂在觀賞他人建築技巧與慧心，也浸淫在歷史建築裡找尋文化語彙裡的密碼。之後，喜歡在諸多博物館建築裡感受建築師內心世界與哲學態度。

關於貝聿銘的人生上半場簡介：「一九一七年出生於廣州，父親貝祖貽是中國銀行創始人之一，曾擔任民國央行總裁，生母在他十三歲病逝，繼母蔣士雲是外交官之女。十八歲那年赴美留學，先取得麻省理工學院（ＭＩＴ）建築學士、後畢業於哈佛大學建築研究所。一九五四年時，貝聿銘歸化為美國公民。畢業後從住宅和商辦設計開始做起，並與人合夥成立事務所，逐漸累積名望。」

跟許多人一樣，我進一步認識貝聿銘的人與事，應該是讓人津津樂道的「羅浮宮金字塔」，這座當年為了紀念法國大革命兩百週年的一系列工程之一。起初讓法國人愛恨矛盾的「格格不入」，媒體冷嘲熱諷「簡直是美學崩壞的褻瀆」，許多巴黎居民也因為「過於前衛」反對。最後這個「讓光線來做設計」的由玻璃和金屬建造的巨大金字塔，贏得衷心讚美掌聲的「天才之作」榮耀，成了巴黎地標之一，甚至成了世界級打卡聖地。我開始好奇他的詩意美學、生命哲學。

七十四歲，是貝聿銘宣布從建築事務所退休的年紀，當然大家都知道他「退而不休」，貝聿銘仍以個人建築師的名義受邀到世界各地為博物館操刀。許多人不禁好奇他的長壽之道，這樣一個樂觀、有信念、意志頑強、活力四射的人，答案是「思考讓人不老」。自笑「我就是勞碌命」，愛思考，保持大腦活躍正是他不老的祕訣。百歲的他，每天依然習慣聽新聞、讀報紙、翻閱雜誌。床頭、桌面常常堆滿著書本……他以此與世界保持連接。

優雅、貴族、風度，是人們形容這位百歲老人時，最常用的形容詞。他的一位傳記作者寫道：「貝聿銘所體現的是美國所想像的東方美德：高雅、受過完美教育，舉止矜持高貴。」喜歡他的人們，都會欣賞他入世和出世的態度，他在東方和西方兩個世界中同時獲得滋養，完美融合之後，自在進出，表現出帶有他個人的英雄主義色彩，讓人讚嘆。盛年時，投入入世的熱情，又在他老年後歸隱出世。我在他晚年所參與的各個博物館設計，看到不慍不火，敦厚內斂，也看到一顆靜美而豐甜的心靈。

日本京都近郊有一座「美秀美術館」（Miho Museum），是貝聿銘在一九九一至一九九七年的作品，位於山上的美術館建築完成之際，貝聿銘剛好八十歲。日式風格的建築外觀，古樸味道卻有現代的簡約線條，表現出現代與傳統、東方與西方融合。遊客必須先穿過一座山，蜿蜒優雅的五百公尺長、金屬感壁面的曖曖微亮隧道，深長靜謐，走到盡頭，然後才豁然開朗，看見美術館隱身山林。

當時業主小山美秀子已經八十九歲，貝聿銘在定調建築風格之際，「我跟她一講陶淵明《桃花源記》的文章，八十九歲的老太太直拍手。」陶淵明文章意境：「復前行，欲窮其林。林盡水源，便得一山。山有小口，彷彿若有光，初極狹，纔通人，復行數十步，豁然開朗。」

德國歷史博物館是巴洛克舊建築，而新建築則創建於一九九六至二〇〇三年之間，這座位於柏林，原址是昔日普魯士王國的軍械庫，德國人稱之「布蘭登堡：普魯士軍隊的萬神殿」。貝聿銘說：「我不能複製新古典主義的東西，我們活在二十一世紀，一定要有現代感。」他將新建築覆蓋土黃色石材，再僅僅以一座簡單透明的玻璃螺旋梯，讓人透過玻璃帷幕與舊建築相望，他大膽銜接德國的過去、現在與未來，並在原來軍械庫庭院上空，加建了方形玻璃微微彎拱的大大天窗，讓明亮開闊的挑高三層的建築玻璃大廳，揮別德國沉重的歷史包袱。

當時，八十六歲的貝聿銘說了：「所有嚴肅的建築，都應該在過分傷感地懷舊和患了歷史健忘症兩者之間找到恰當的折衷。」這句話，成了貝聿銘的名言，也象徵了他面對老後生活的一種淡定態度——「不傷感過往」。

貝聿銘的蘇州博物館於二〇〇六年開館，歷經三年規劃與工程，許多人喜歡稱它是八十九歲貝聿銘的「封刀之作」，他自己也稱此建築是「最心愛的小女兒」。貝聿銘是蘇州人，晚年在家鄉留下「江南小女兒」，設計堅守「不高、不大、不突出」特點，在歷史保護街區與拙政園、獅子林、太平天國忠王府之間相掩相映，又與周邊黛瓦粉牆民居渾然一體。開館當天，兩百多位中外來賓站在那裡，齊齊簇擁著這位白髮先生，而兩旁的蘇州鄉親則用家鄉話向他喊著：「老貝，謝謝你！」

八年前，我去蘇州旅行，朝聖蘇州博物館建築，徘徊不去，醉心於水面倒影的江南建築天際線，也傾心從通廊六角窗外望，那堵雪白長牆重重疊疊的假山造景，宛如宋詞的優美。

對於長壽的他，一位建築奇才的晚年，大齡的我，喜歡探究他退休後的博物館作品，蘊藏在裡面的生命態度與收斂過的美學，以及旅行心思，他說：「如果要從旅行中獲益，就必須先學好歷史。」

七十五歲開始學琴，八十二歲自學程式，八十三歲以英文在聯合國演講——

若宮正子說：「不訂計畫、不趕進度，想做什麼就去試，膩了，就放棄！好玩最重要。」

日本從二〇一七年三月，開始執行「勞動型態改革實施計畫」，同年九月，首相官邸也開設了「人生百年時代構想會議」。「人生百年時代」的說法是來自一本書《100歲的人生戰略》，作者為英國倫敦商學院教授林達．葛瑞騰（Lynda Gratton）和安德魯．史考特（Andrew Scott），他倆指出長壽時代的來臨，會改變原來「教育、工作、老後」的單一生命軸線，未來人們將會面臨許多職場就業的轉型、人生規劃的變革。

日本政府面對未來「人類長壽百歲」的未知時代，有深深的危機感，他們未雨綢繆，成立了這個「智庫概念的會議」。這個計畫持續進行，約略每個月召開一次集思廣益會議，迄今仍然進行中。特別的是，與會代表中有一位一九三五年出生的若宮正子，她只有高中學歷。

一九九七年，五十九歲的若宮正子為了照顧九十多歲的母親，她離開了工作四十三年的東京三菱銀行職場。退休後，因為照顧失智的母親，交友空間變小，無法拓展生活圈，「開始自學電腦，希望與人聊天」。從自我摸索開始，三個月後的某個星期天早上，第一次收到網路打招呼的訊息，她說：「我那時真的好興奮，我臉上都是汗水和淚水。」

十年後，母親以百歲高齡過世，未婚獨居的她時間變多了。若宮正子七十五歲開始學琴，八十二歲自學程式，後來有了驚人發展：二〇一八年五月，蘋果電腦執行長庫克親自邀請她出席「蘋果開發大會」WWDC，因為她是「全球年紀最長的程式開發者」，她設計的手機APP是以日本傳統的三月女兒節當成題材，名稱是「雛壇」（hinadan），遊戲者只要將十二個娃娃放入正確的位置，發出「咚」聲，就能得分，藉以訓練腦力與手指靈活度，預防失智。

庫克盛讚稱她是「為大家帶來勇氣的人」，更是「激勵人心的來源」。回國後不久的若宮正子就收到日本政府來函，邀請她參加「構想會議」。二〇一八年，她受邀到聯合國紐約總部「用她自學的英文發表演講」，她也兩度上TED演講，「你不需要很專業，只要有創造力，帶著充滿靈感的心就夠了」。時代變化很快，讓自己墨守計畫會變得很糟糕。二〇一九年《新聞週刊》（日本版）封面故事「世界尊敬的日本人」，在「Heroes Icons」名單中，若宮正子與藝人渡邊直美、網球名將大坂直美、足球名將香川真司、本田圭佑、棒球名將鈴木一朗等人並駕齊驅。

不訂計畫、不趕進度，想做什麼就去試，膩了，就放棄！好玩最重要。她的慢老祕訣：多交朋友、多讀書，獨居也不孤單。「我每天都超忙，根本沒有時間生病。」她的字典沒有「安享晚年」，只有不斷冒險，盡情享受未知的人生樂趣。二〇一九年五月，她的第八本書《自學的建議》出版了，她說上了年紀會失去很多，但專注在每天得到的新體驗，不花力氣與人比較。

她接受法新社專訪時解釋：「在這個網路時代，如果停止學習，你的日常生活會受影響。」

養老二十年後，九十歲成了作家，一〇二歲挑戰「最老人瑞作家」紀錄——

張祖詒說：「退休後如果不訂個目標，日子很難混過去。」

「一〇二歲人瑞作家張祖詒的『胸無大志』人生哲學」，這是二〇一九年《安可人生》十月分雜誌採訪張祖詒的標題。出生於一九一八年的張祖詒是誰？蔣經國總統的文膽！或許這樣介紹他，比較容易讓人明白「他的厲害」。他在二〇〇九年，九十歲出書成了作家，之後陸續有新的作品，目前挑戰「全世界最高齡作家紀錄」。

訪問時，雜誌記者拋出一個問題：「如果把人的一生看作一趟長途飛行，你理想中的飛行會是什麼樣子？」

採訪文章是這麼說：「有些人會設定一個明確又高遠的目的地，不論遭遇強風、亂流，都努力地振翅直追；也有人選擇放軟身子，迎接每一回的風起、風落，遨翔到上天安排的每個角落。一〇二歲的作家張祖詒先生，無疑是後者。彷彿鷲鳥一般，以輕盈、柔軟又不失堅韌的姿態，迎向挑戰，飛出屬於自己的人生高度。」

二〇一八年《50 plus》雜誌訪問他，標題是「如何老得有質感？一〇一歲人瑞張祖詒：祕訣四個字：『聽太太話』」。那是一次有趣的採訪，文字裡盡是張祖詒生活裡俯拾皆是的智慧與哲學。

張祖詒，江蘇常熟人，自小學習四書五經，受私塾教育影響，儒家立論內化於心，他強調凡事應「量力而為」。上海法學院、國防研究院畢業。一九七二年到一九八八年為蔣經國掌理文翰，前後十六年為重要文膽。七十歲時退休，一九九〇至二〇〇九年旅居美國。二〇〇九年，九十歲回到台灣，第一本著作《蔣經國晚年身影》讓他多了作家身分。之後的作品有《帚珍集》、《寶枝》小說、《現代逍遙遊》、《不亦快哉集》等。

二〇一二年的《帚珍集》，博客來的內容介紹：「以其親身經歷的所見所聞，為許多事件做了說明，解答疑問。」我喜歡書名「帚珍」二字，它是「敝帚自珍」成語，源自《東觀漢記・卷一・光武帝紀》。意思是：自家的破舊掃把，卻珍愛如寶。比喻東西雖不好，卻因為是自己所擁有，故非常珍視。

二〇一五年《寶枝》小說，三民書店出版。描述出身江蘇農家的童養媳劉寶枝，歷經抗日、國共內戰，從江南到上海、香港與台北，逾半世紀流轉的人生風景與愛情際遇。張祖詒說「我就想寫一本完全解放自己，思維自由奔放。過去從來沒寫過小說，現在居然能寫十五萬字。不管人家評論好不好，我自己覺得很快樂。」

二〇一七年的《現代逍遙遊：100歲帥哥的優雅旅程》由聯合文學出版，九十九歲的張祖詒寫下「媲美《文化苦旅》的人生之書」。出版文案說：「一個將逾百歲的東方老者，在退休後進而拋下框架與包袱，從心所欲去認識世界，漫談旅居北美近二十載之所見所聞，在中西文化間的生活中優遊而觀察，逍遙更自在地感受生命。」

一百歲時，他說：「因為胸無大志，沒什麼人生目標，也就沒什麼遺憾。」在百歲壽宴，他在席中有感而發，從事五十年公務員生涯以來，期許自己，絕不做任何一件違背法令規章的事情，因此退休後自問擁有什麼？無非就是「清白」二字。

一〇二歲時出版了《不亦快哉集》。出版社發行人說這是一本令人驚豔「現代逍遙遊續集」，人生難得幾回遊，繼前作《現代逍遙遊》後，不老旅人的悠遊世界之作，再度攀上書寫高峰——閒步看天地，筆墨抒胸臆，不亦快哉。

為什麼書寫？他說退休後如果不定個目標，日子很難混過去。

笹本恆子七十一歲時，她選擇重新開始。

貝聿銘七十四歲時，他選擇重新開始。

若宮正子七十五歲時，她選擇重新開始。

金庸八十歲時，他選擇重新開始。

張祖詒九十歲時，他選擇重新開始。

第十章

選擇單身，但不排斥兩個人

《安可人生》雜誌的封面主題：有伴，真好！——

獲得二〇二〇年金鼎獎生活類雜誌《安可雜誌》，有一期的主題「有伴，真好！」非常符合現代的中年世代、後中年世代的「熟年愛情」探究。如果你單身，需要老來伴？這個議題，不好硬硬地討論，如果有一部戲劇當是引子，可以讓我們觀賞後，再娓娓道來，然後深入探究，這個議題會更柔軟、更有共鳴。

或許二〇一二年的日劇《倒數第二次戀愛》上下兩季，是滿好的敲門磚。因為這部日劇引發許多人的追劇與共鳴，韓國在二〇一六年也改編了《倒數第二次戀愛》，再次引發議論，導演是《上流社會》的崔英動。兩部片都牽動著現代中年世代單身者幽微的選擇「放棄，還是再試試看」。

日劇的劇情發生在鎌倉，一座悠悠靜靜的古都。吉野千明（小泉今日子飾演）是一名四十五歲的單身事業女性，相對於戀愛，她更擔心的是自己的健康和養老。為了將來的老年生活，吉野千明決定嘗試與朋友合租舊農宅，那是大齡單身女子們近年流行的生活方式。去古都鎌倉考察房子期間，她偶遇五十歲的長倉和平（中井貴一飾演），妻子早逝，他獨自撫養獨生女長倉繪里奈，又要肩負起長倉家長男之責的孤獨男人。一段「熟年愛情」在鎌倉拉開序幕……小泉今日子和中井貴一兩人把中年人的愛情演繹得妙趣橫生，比起年輕人的戀愛更浪漫，也更有深度。

隨著時代演變，單身男女「不婚族」愈來愈多，他們多主張是「選擇單身，但不排斥兩個人」。甚至，許多人的「大齡女子宣言」說得更清楚：單身是種選擇，建立自己的單身應援團，可以不結婚，但一定要談戀愛。

然而日劇為何說「倒數第二次」？不是在找到恰當的「最後好伴」，兩人自此白頭偕老？那「倒數最後一次」是什麼？其實，那是更深度探討人生的真諦，最後一次就是「去和未來的自己談戀愛」！愛上自己的未來（或是未來的自己），這樣的人生會更重要、更有趣。如果愛上某個人，不要以為那個就是「最後的戀情」，我們可以定義它是「倒數第二次」，最終、最後的一次，永遠是「愛自己」。多麼昇華的人生觀、愛情觀！

劇中，男主角長倉和平身上一直背負著很多東西，小時候父母早逝，長倉和平身為大哥必須背負起照顧弟妹的責任，後來妻子早逝，獨養女兒，弟弟長倉真平的病又不知道什麼時候會復發，種種因素讓他成為一個優柔寡斷，不敢去愛的中年男子。遇見吉野千明之後，長倉和平敞開心門，開始學會去戀愛。

「學會去戀愛」其實是面對「熟年愛情」的過程，社會學家說：「要展開下一段感情之前，首先要充實自己、更愛自己，才能吸引到同樣質好的對方。」

來說說男女主角的感言，他們在拍攝影片後，說著自己對劇中的「愛情觀」。小泉今日子（二〇二〇年，五十四歲）說，她覺得「倒數第二次戀愛」代表一種希望，中年人總是覺得「這是人生的最後一場戀愛了」，但其實還有很多的可能性，所以每一場戀愛都應該看作是人生「倒數第二次的戀愛」，而不是最後的戀愛。中井貴一（二〇二〇年，五十九歲）則說，他覺得對劇中男主角長倉和平來說，「人生最後一場戀愛」是跟早逝妻子的愛情，跟千明的愛情才是「倒數第二次戀愛」。

從一則不倫的戀情，看看專家如何建議熟年愛情——

在台灣，在日本，現在有「更年期是第二青春期」的說法。五十多歲的中年人，兒女獨立了，如果他們有錢有閒，多會自忖「終於該活得像自己了」。現代人的感情大數據，五十多歲為戀愛而忙活的人不在少數。網路ＡＰＰ、婚姻介紹所都有專門訴求五十歲、六十歲、七十歲求偶者的專項服務，似乎中年後的大家，開始動起來了。

五十多歲，開始對於人生有了一種倒數計時感，那是「餘命管理」的自然反應，所以對所有重要的事情要說得清楚，分清責任，愛得痛快，活得明白，成了現代中年後的深思。

近年日本流行一個詞叫「人生百年」，在長壽是趨勢的時代，如何活得更有滋味、更有價值？活到老愛到老也是一種方式。社會學家說，關於「婚姻的存在方式」，說不定也會成為一個社會變革。二〇二〇年，台灣在大法官釋憲後，宣告《刑法》二三九條通姦罪違憲，正式除罪化，並且從即日起失效。這個議題引發正反兩面的思維，有憂心者，也有開心者，輿論有多項交鋒，也有深度釐清社會責任與愛情自由。

剛剛我們提到二〇一二年的日劇《倒數第二次戀愛》上下兩季，女主角是小泉今日子，她在八〇年代被封為最成功的三大超人氣女偶像之一（另外兩位是松田聖子、中森明菜），她也是許多影展獲獎的常勝軍，粉絲無數。在演藝之外，讓許多人津津樂道的是，她從二〇〇五年起擔任《讀賣新聞》的讀書委員，不定期地發表書評，被譽為第一個「偶像書評家」。除了她的高知名度之外，其書評實有動人之處，多半是直筆寫下自己閱讀後心中的反響，其人生觀和人格特質躍然紙上。她將自己的感想一語總結，總能喚起高度的共鳴。

我們來探究小泉今日子的現實生活，在二〇一八年二月一日，她在宣布成立自己的「後天」製作公司之時，竟也同時在自己的官方網站上自爆新聞：

五十二歲獨身的她，承認和五十三歲的豐原功輔（男演員）之間有「不倫關係」。就是說，她與一位已婚男人之間存在戀愛關係。她向豐原的家人道歉，說自己今後「帶罪前行」。她的真實人生，似乎比戲劇更精采。

小泉今日子很有才華，是日本藝能界的常青樹。年輕時是偶像影星，現在依舊活躍在影視、歌壇、舞台的第一線。當年五十二歲的小泉今日子，一直保持特立獨行的做事風格，由此她也受到男女老少粉絲的鍾情。

當年，對於「不倫」的主動坦白，然後堅定地說自己絕不引退，會一直工作下去。小泉今日子說：「我錯了，但是確實是戀愛。」這樣的直白，很容易讓人同情和理解。人生中做的每一個決定，要為自己，不為別人，才能真正自由。小泉今日子的大膽宣言，當時讓媒體有些措手不及，不知如何對應。日本大眾是如何看待此事的呢？大部分人覺得如此大膽的宣言，完全符合小泉今日子的個性，敢做敢當，讓人佩服。粉絲對於她的不倫表現出寬容的態度，被稱為「新音樂女王」、六十六歲的創作歌手松任谷由實，對於小泉之舉的評論是「堂堂正正承認，是明智之舉，像小泉會做的事」。

至於，不倫男豐原功輔，媒體從來沒有一句好話，百般挑剔。有人為小泉今日子叫屈：「是真愛啊！為了這段不倫戀也付出太多。」

愛情，真是一個古老、永遠是個謎的議題，沒有標準答案，不是黑白簡單的二分法，也不是對錯可以論斷。但是我們還是聽聽專家對於「熟齡愛情」的提醒，他們說：「熟齡交友，先要想清楚自己的需求，勿貿然一頭栽進去。」他們也列出四點提醒：一、不要有金錢糾葛；二、先同居熟悉彼此生活習慣；三、釐清彼此財務、劃清界線；四、先愛自己、檢視自己的心靈狀態。

算命半仙沒那麼厲害，都是自己露餡——

對愛情的進退取捨，或是其他諸多生命迷惘的事情，有期待，卻又怕被傷害，於是「算命」成了幾千年來都不會消失的行業。不景氣的時代，有三個地方人數會增多：補習班、喝酒的地方和受到殷盼的算命攤子。

一個好的算命半仙，他像是一位魔術師、一位辦案的偵訊員、一位好的演員。當你說他「好準哦」時，有一半都是我們自己露餡的。

我曾經看過一個電視節目，一位魔術師跑到對街戶外咖啡座，有三位女生正在開心聊天，魔術師與她們閒聊後，對著其中一位女生問：「你喜歡什麼花？」「什麼顏色的？」然後他從背後變出一束紅色的玫瑰送給她，畫面當然是她的驚喜與尖叫。這個道理是，大數據說有三分之一以上的女生都喜歡「紅色的玫瑰」，魔術師在三位閒談中，找到一位「疑似，可能性很高」的熱情女生，然後把備妥的玫瑰遞給她，完成任務。

我也看過另一個節目，魔術師問著眼前的這位女生：「還記得你的初吻是幾歲時？」接著魔術師凝視著她的眼睛，一邊猜著她初吻時的年紀：十二？十三？十四？十五？……二十五？二十六？……女生不語，只是瞪大眼睛看著他，最後他猜中了正確的歲數。他怎麼辦到的？她的瞳孔在魔術師順著數字，讀到她的初吻年紀時，微微收縮了一下。其實，這是ＦＢＩ辦案時常用的觀察方法之一。

如今，生物辨識科技進步神速，五公尺之內可以辨識臉孔，五十公尺之內可以辨識「走路姿態」。除了我們的瞳孔、眼神、表情，包含走路姿態、坐姿，甚至用詞遣字、家教、學識、格局也可以被一位訓練有素的算命半仙、魔術師、ＦＢＩ辦案員等輕鬆洞悉。我們所困惑的「愛情命題」，似乎旁觀者算命師，他們輕易地知道「答案」。其實，我們自己也知道答案，只是信心不足，「好像不確定」成了我們不相信自己的理由。

我們會來算命攤，尋求指點迷津，綜合幾個理由：

一、擔心。不確定的路口、對未來的迷惘、過去可能失敗的次數多了些。

二、怕後悔。信心不足，怯於開放，想事先找到補救的方法或方向。

三、偷窺。怕走冤枉路、好奇、投機的心理、趨吉避凶、心理準備。

四、偷懶。省去分析、辨別、創造與探索。

五、來強化所做決定的信心。

每個人都有不同人格特質，之所以有「缺陷」，可能是機運不佳、遇人不淑、思慮不充足。算命，只能當是娛樂節目。選擇，才是智慧的整體展現。關於「中年後的單身？有伴？」分析這個，分析那個，有時理性的探討不會有靈感，我想「微醺」時可能會有答案。那種介於喝醉與清醒之間，喪失理性前的美好狀態，這時適合勇敢地做自己、表達、嘗試……可能可以交到真心朋友。

微醺，有時是為了勇敢。

「剩下一個人！」需要開始孤獨練習了——

「哎呀，終於只剩下一個人，可以放鬆了。」一個人真的就可以放鬆了？怎麼聽起來有些許酸楚？

「只剩下一個人」可能是家庭結構的空巢期或是離婚，也可能是喪偶。

「自願一個人」與「剩下一個人」兩者大大不同，主動與被動。「自願一個人」是很喜歡坦承自己的孤獨狀態。近年我在花東認識一些獨居的朋友，他們是怡然自得的一群，即使COVID-19狀況不明之際，他們說「哈哈，我們每天的生活，本來就是自我隔離」。

「剩下一個人」則是需要孤獨練習了。中年後是「人生地殼變動」的時段，做牛做馬，將自己的人生奉獻給家人。回過頭，發現孩子長大離家，他們獨立了，大家陸續離席，連太太也提出離婚要求。「沒人需要我了」，這種空虛感讓人低潮，這種失去角色的失落感，會讓許多中年男子「光想，就會令人不寒而慄」。

失婚，新單身男女在整理情緒後，如果能攤手笑笑說：「哎呀，終於只剩下一個人，可以放鬆了。」可能可以勇敢面對新人生。如果還走不出失落情緒，為他人付出一切的「被害者意識」負面情緒便會浮現。

卡倫・霍妮（Karen Horney）在《我們內心的衝突》（*Our Inner Conflicts*）中說：「因為憂慮、苦悶過，才倍感內心平靜的曼妙。因為猶疑、懶散過，才發現人生愈自律愈自由。所以說負面情緒是人生饕餮盛宴的佐料，不可多，但也不可無。」

社會學者對於「剩下一個人」有話要說：「要學會一個人走，不管有沒有人陪……靠誰？不如靠自己。」他們說的「空巢期，要提前部署」，不要只會惆悵，要認知「每個人都有自己的生活」，即使是長大的孩子也是。這個階段，會讓人學會放棄、學會珍惜，所以有了離婚潮。《天下》有一個標題：「熟年離婚持續增加，是誰受不了誰？」

我們先來看看日本的數字。目前日本女性的平均壽命是八十七歲多（二〇一九年公布女性是八七．三二，男性是八一．二五），未來會超過九十歲（事實上，許多人已經遠遠超過這個年紀）。社會學家以九十歲三分法區分人生，結婚之前三十年，養兒育女三十年，最後是老後的三十年。大家更長壽了，自我觀念也與時俱進，想要掌握「老後的三十年」的自主權，「五十歲多後，成為重新面對自我的契機」。

根據二〇一六年日本家庭裁決所的婚姻相關事件，七萬多件之中有五萬多件，大部分離婚都是由太太提出。即使是大齡的資深夫妻也是這個比例。這是個大哉問的社會問題，每個幸福的家庭，經營成功的理由都是一樣，至於分崩離析的家庭，他們失敗的理由各自不同。

另外，問卷「如果有下輩子，還會和目前的配偶結婚嗎？」猜猜大齡男女會怎麼回答？這個問題，有六成丈夫回答「會」，但回答「會」的太太不到三成。所以，可以理解為何「太太是離婚的發球者」，那些不明究理的中年大叔，可能永遠搞不清楚「肇事原因」。

日本社會學者對於「大叔，你會剩下一個人」有警告、有建議。結婚對女性來說是「重新做人」，離開原生家庭，進入或自組不同的家庭文化。同樣地，當夫妻共同生活了二十多年，丈夫也必須要有危機意識，她的「第二次重新做人」就是「你，可能再度單身」。大叔面對突如其來的離婚要求，戛然一個人。大部分的人都有「好像人生的意義被掏空了」，一個人時間變多了，不曉得怎麼辦？猛然結束的婚姻，有一種來不及說再見的「空虛感」，傷感漫天而來。這樣的感受當然包含男女兩方，「受突襲」可能受傷較重的，男方居多。

「離婚後，自我照顧」成了「恢復單身」第一件大事。眼前要處理：一，擺脫受害者心態；二，接受自己的情緒；三，別人怎麼想不重要；四，相信一個人也可以過得好。當然，找支援是硬道理，明白自己離婚路並不孤單，許多人都走過了。

最後，回頭檢視「婚姻教我的功課」，或許未來用得到。

一流的孤獨，勝過二流的伴侶──

然而大齡男女勇敢說「不愛了，就離婚吧」究竟是少數。大部分是「可能愛情失去了，卻轉成了親情或友情，或是一種同舟共濟的夥伴關係。於是百分之五十的人，認為自己的婚姻不好也不壞，也就合情合理」。日本社會出現一個新流行語「卒婚」，卒，就是畢業。「卒婚」就是「從婚姻中畢業」了，不分手也快樂，夫妻保持社交距離的婚姻關係。

有些婚姻裡的愛情真的已經遠離了，但是……年輕時為了孩子、為了家人、為了面子……種種原因而不想離婚的伴侶，忍到了中年之後突然發現其實也不需要離婚了，認知不離婚也有好處，反正已經習慣彼此的「影子」。於是有了「時間差的同居」、「各自有一個地球的同居」。退休大叔在家讀書、聽音樂，自成「社交孤島」，太太在公園跳養生舞，下午與閨蜜喝下午茶、假日去泡湯。他們各自有不同的作息表與平行世界，這種各自做自己喜歡的事的夫妻，就是屬於「卒婚」的定義。婚姻已死，只是一直以來大家沒有說出來，心照不宣而已，這是非幸福的「同居，但是精神分居」狀態。我稱他們的婚姻關係，處在「無政府主義者」的世界。

關於結婚、離婚、不婚、卒婚的念頭，群居、同居、分居、獨居的型態，到了大齡年紀的人們，應該學習「開始做自己」，如果還傻傻地無法擺脫父母、社會灌輸的老派觀念，拘泥「從一而終」，最終這一輩子無法「享受真正屬於自己的空間與時間」。中年後單身，有時就像「人生的流浪」，它會寬闊一個人的視野，當然也可能孤獨窒息。

我們偶爾自問：「想想看你最快樂的記憶裡，那些生命中的重要時刻，那時候的你，是一個人嗎？」人生有伴會更美好，每個人都需要一個副駕駛。如有機會，把另一半，重新變回副駕駛。

如果事與願違，也無妨。有時，一流的孤獨，勝過二流的伴侶。若一個人比較快樂，別浪費時間交往。有熟年雜誌訪問一些熟女，她們說約會三十次之後，決定單身！

但是，不管如何，我們都需要「孤獨練習」，即使是幸福家庭、戀愛中的人們。「有伴，真好！」是理想，單身不是世界末日。

第十一章

定下自己在這個世界的座標

擁抱不完美，才能將焦點放回原點——

有人曾經笑稱所謂日本文化，簡單地說就是三個有押韻的東西：sushi、wasabi、wabi-sabi，壽司、山葵、侘寂。壽司絕對當之無愧、山葵又名哇沙米，這個懂得日本美食的人都知道，它的文化辨識度很高。但是「侘寂」？

侘（wabi）大致意思是「簡陋樸素的優雅之美」。

寂（sabi）意思則是「時間易逝和萬物無常」。

「侘寂」兩者結合在一起，形成了一種日本獨有的、對日本文化至關重要的哲理，一種接受生命短暫和不完美的日式美學。從武士道、庭園的枯山水美學、富士山情節、朝顏文學（牽牛花在早上開花，下午就枯萎，日本古稱「朝顏」）、櫻花文化（同時存在著盛開與凋零）、切腹謝罪儀式等等，這些都有「侘寂」的影子，樸質沉靜之外有著「一股死亡美感，和對生命的謳歌」，隱隱中有著關於「不完美」的態度。

有人標記「侘寂」是「不可說」的日本文化，不可說就是「不容易說得清楚」。進一步詮釋這個不可說：侘，是在簡居中享受閑樂，在貧乏中悠然望天；寂，是在清寂裡觸摸到禪意。有了這個定義角度，或許能稍稍理解「僅能意會不可言傳」的「雲深不知處」。

當唐朝禪學的「非我」、「非人」為主的世界觀，以「不規則」和「不完美」的特徵被轉譯到日本美學之中，日本在陶器形體、茶道儀式中形成一種特別的「時間美感」文化。茶席上，主人家多以不規則的茶碗招待賓客，而且茶碗往往精緻不顯，掩蔽在粗舊老釉之中。這是因為一隻新的器皿沒有受過時間上的洗禮，帶不出茶碗經過時間淬煉後「寂」的消逝感。

侘寂，再以茶道宗師千利休以「朝顏茶會」招待大將軍豐臣秀吉的故事說明，可以更具象理解。豐臣秀吉計畫兩天後要造訪山寺，他要前來欣賞庭院盛開的朝顏（牽牛花），但千利休他卻連夜把園林所有朝顏花都摘除了。

心懷期待的豐臣秀吉抵達山寺，看到空無一花的園圃，以為千利休作弄他，盛怒地衝到簡陋狹窄「待庵」茶房，只見素樸牆上垂掛一個小竹筒，千利休將最後一朵淡紫色朝顏，插在這個竹器裡，藤蔓則自然垂落在竹筒外，靜靜地等著大將軍的到來。豐臣秀吉怒氣頓消，他靜下心端詳唯一的朝顏，領悟這朵「短暫的愛」。這是遠離一切的「孤寂之美」，出現空白（空性），僅留下悠然禪靜……這也是侘寂的一種。

日本人理解、領悟到世上無一事物能夠避開成長、繁榮、衰落，最終死亡的自然定律。榮枯之間所有的侘寂美學、禪的藝術，死亡絕對是生命中最重要的一環，而通往死亡路徑的生命體驗，可以悟，可以美、可以空、可以靜，甚至可以抽離，更可以玄空神馳。

金繕，以最貴的物質去對待缺陷——

大家都有的經驗，碗盤壺蓋等等一滑手摔成數片、磕了一個角、多了一道裂痕，如果那是我們心愛的陶瓷器具，或是有紀念意義的，甚是價值不菲的傳家之寶，心痛。

賣陶磁的人有一個諺語「燒瓷食缺」，它與另外一個諺語「織蓆睏椅」相同。燒製瓷器的人將窯燒失敗有缺口的器皿留下自己用，好的拿去賣錢；織草蓆的人捨不得睡在要拿來賣錢的蓆子上，而改睡椅子上。這兩句諺語反映各行各業的人，對於能謀生的東西的珍惜，以及他們勤奮工作的精神。但是，我們面對心愛的陶瓷有了殘缺，有了不完美，怎麼辦？

日本有一種傳統手工藝「金継ぎ」（kintsugi），我們翻譯成「金繕」，它是一種用金粉和漆來修補破殘缺陶瓷的技巧。簡單地說，是職人們使用天然漆料黏合、修復破碎的瓷器，然後修復好的表面，再敷以金粉或金箔。這個工藝本質是「修復」，但卻因為使用了金箔來美化，「以最貴的物質去對待缺陷」，也就變成了一種創作，更是一種態度。

職人將其破碎器皿在修補時，恢復排列，甚至以另外的殘片來代替，這種表達每一塊碎片皆可見到原本的面貌，即是「空」的道理，無論器皿的形狀怎麼修改，沒有改變的是器皿依舊存在。

坦然面對缺陷與不完美，並在無常的世界中，恪守心中那份對美的嚮往。生命如斯，我們可以「用態度去對待缺陷」，死亡亦復如斯。

即使，過去的歲月我們都磕磕碰碰有了殘破，退休後，我們可以開始「金繕」自己，用全新的學習、珍惜的態度，對待我們的過去。退休後不要關在家裡，把手伸出去，手心向上是學習，手心向下是付出，雙向都要去做，才會快樂。

老店歇業了，門口張貼著豁達的「歲月不饒人」告示——

重新觀看電影版《深夜食堂2》，這次隨手寫了一些筆記：

長日將盡，人們趕著回家，我的一天才要開始。

人再怎麼悲傷，也會肚子餓。

穿制服或是便服，哪個才是你自己？

羨慕你的工作，努力就會有回報。

個人能力有限，所以才要依賴。有一天有人會需要你的能力。

兩個位子，卻來一個人。

似乎是失戀了，你喜歡孤獨，卻不想獨處。

我要返鄉了，可能不會再回來了。

下雨了……應該是陣雨吧。

這碗蕎麥麵真難吃！

不是吃了什麼，而是跟誰吃了什麼。

天上星星的後面，究竟有什麼？

老店貼上歲月不饒人。

另外一部電影《美食不孤單》我也記錄一下：「一個人至今還相信詩，他一定有特別的靈魂」，另外說道「如果食物是散文，燈光則是詩」。這兩部電影的原著都是文學漫畫，說的是美食享受，傳遞地則是「人生滋味」。

後中年的我，喜歡觀察，觀察芸芸眾生的生活細節，甚至一個幽微眼神，它們總洩露著祕密。我看得到一般人們的模式，流動中可預見的軌道。人們喜歡建立常規，習慣而安全地在秩序之中生活度日。即使在忙碌的城市街道，或是閒靜的小鎮角落，大家都不自覺地在生命大河裡，慢悠悠地泅泳、啞喑地掙扎，或是無聲無息地溺斃。

這兩部受歡迎的美食電影，平凡而平靜，貼近人心的俯仰人間。我認為它們傳遞的訊息是：「專注於你所擁有的，或是替不再屬於你的掉淚。」不要徘徊地問著自己：「這是最好的選擇？」「我錯過了什麼？」因為我們永遠無法得知如果選擇了另一個，會不會每天都在後悔中度日。痛，忍著忍著就會慢慢減少。喘，過著過著也會慢慢適應。

選擇「相信詩」的力量吧，因為我們會更明白人生滋味，也會「意識到」過得幸福的這件事，進一步定下自己在這個世界的座標。然後在人生謝幕之際，貼上「歲月不饒人」，即可。

冬至那天的日出，海面一片敞亮，舊的新的已經交接——

有一年，我在安平舊聚落田野調查。古蹟小炮台旁的天主教教堂剛剛修建完成，我與神父聊著建築落成的種種，也聊著明鄭時期在安平第一座教堂的可能位置，更聊到三百多年前鄭經的天主教信仰。閒談其中，神父指著教堂朝西的玫瑰窗，他說：「我的設計是，希望在冬至這一天，下午三點半，夕陽會穿透玫瑰窗的玻璃照射在這一塊地磚上。」

事後，我沒有去印證冬至的那一道陽光，下午三點半是否準時報到，射向那一塊花磚。幾年後，我卻學他，也在安平大樓住家落地窗，夕陽照進來的地板上，陸續貼上三條紙膠帶，分別代表著：冬至、夏至、春分與秋分，當是節氣日晷。每年就看著落日陽光在這三道線條之間移動與流轉。

後來，從日本雜誌得知有一位建築師杉本博司，他在相模灣海岸線上，建造了一個用陽光主導視覺的美術館「江之浦測候所」，也有冬至、夏至、春分與秋分。他用節氣的日出，以東方哲學的思維說著陽光的日出方向，它在節氣中來回位移，人們可以在此察覺宇宙的物換星移。

「江之浦測候所」建築群，有一處「雨聽天」茶室，杉本博司將當年千利休的茶室「待庵」，復製原尺寸再現於此地，從建材到尺寸，完整地重現當年千利休的侘寂，素樸沉靜。茶室取名「雨聽天」，是希望人們在下雨時，處在茶室裡能夠聆聽著滴滴答答的雨聲。茶室很小，只有兩張榻榻米大的空間，壁粗，窗小，僅能透入微弱的光線，小空間多了幽幽光影氛圍，是「簡陋樸素的優雅之美」。

「雨聽天」茶室，望出去正好是春分、秋分日出的方向。也就是說春分、秋分當天日出之際，陽光會走入茶庵裡，敞亮一室。一年兩次，那是太陽直射在赤道當天的日出。

測候所建築群中，遊人最期待、想親身體驗的便是「冬至光遙拜隧道」及「夏至光遙拜藝廊」，兩條宛如隧道一般的長型空間中，有著截然不同的空間氛圍，讓人流連。

「夏至光遙拜藝廊」，杉本博司以三十七面大片全透明玻璃，製作成一條長長的光之廊，盡頭處沒有牆壁遮擋，人們可以走近末端邊緣處，眺望相模灣的海平面。夏至當天日出之際，日光會直線照入長廊，充滿著滿溢出來的懾人光芒。

「冬至光遙拜隧道」，則是一道長長的幽暗隧道。一般時間，只有隧道兩端入口有天光，中間一大段被黑暗包圍著，走入其中，宛如參拜世界起源一般。可是，當冬至那一天，日出那一個剎那，曙光從遠處海面水平線上射出，隧道會被剛剛甦醒的陽光照亮，隧道的這一端到那一端，亮著象徵一年的終點與起點的光芒！

杉本博司說：「希望人們透過觀測天候，了解到自身與天地自然萬物之間的關係與平衡。從當中尋找出相對位置，才能藉以定下自己在這個世界的座標。」

他的陽光美術館建築理念是：天候有四季春夏秋冬的變化，生生不息。人們便是在這永續循環的自然裡，不斷地繁衍出最精粹的文化。以日出的方向，「重新界定」個人在宇宙的意義與價值，一些建築評論家說這是一座「集人生究極的建築作品」。

在思考中精神煥發，柳永讓自己活得明白的第三境界——

十四歲的柳永告別父親，回到家鄉福建崇安，安分地在家苦讀寒窗。

十五歲的他經常悠遊武夷山，出入中峰寺。一天，柳永與禪師閒談，他肅然問道：「請問大師，人生如何才能獲得最高境界？」這是大哉問，年輕的柳永已經開始思考嚴肅的「人生」課題。禪師答道：

第一境界是「落葉空滿山，何處尋芳跡」。

第二境界是「空山無人，水流花開」。

第三境界是「萬古長空，一朝風月」。

年輕的柳永不懂，禪師解釋：「小施主，『落葉空滿山，何處尋芳跡』，滿山的落葉，你究竟要哪一片？你想要追求的東西是什麼？」每個人在年輕時，有太多選擇，但是容易迷路。因為太多選擇，所以面臨太多的十字路口，對未來有了深深的迷惘。如何選擇，成了人生的第一堂課。

「那第二境界？」「『空山無人，水流花開』，我開我的花，我流我的水，管你有沒有人，都與我無關，我只用心做我自己的事情。」生命經過一些事之後，開始有了「過去不算什麼」的心思，多了「明天會更好」的勇敢。已經能夠意識到生命的「限制」是一件好事，也能在限制裡，開創自己的自由。簡單地說，就是「不管他人的價值觀，開始做自己！」

柳永說：「明白了，那第三境界？」禪師接著說：「『萬古長空，一朝風月』，人生何其短暫，只有超越時空的限制，才能與天地同在。難啊難！小施主，你都懂得了嗎？」柳永懂了，他深刻而清晰地懂得。

人需要活得瀟灑、自在、痛快，在思考中精神煥發，讓自己活得明白。不值得你珍惜時，學會放棄。但是該珍惜的，學會珍惜。

那個三十五歲的女生刺青了——

有一天，我依著預約時間到南門路美髮院。迎上來的美髮師，招呼後雙手一攤說「你看我有什麼不同？」「啊！你刺青了！」秀氣的年輕女生，整隻手臂有著像日本山口組兄弟的刺青，密密麻麻，從肩膀到手腕無一空白。我好奇她手臂上的圖案是什麼？

浮世繪風格的藝伎圖像，畫中的女人眼神撩人，有著象徵吉原的「橫濱庫」髮髻，纖手中分別拿著剪刀與髮梳。我想著，眼前這位瘦巧可愛的美髮師，她把自己投射到刺青的女人角色，人物圖案非常精細美麗，四周則有捲動的海浪和花朵。她解釋說刺青事前已經跟父母報備了，接下來是開始上色，整個工作時間還需要六、七個月。她露出淺淺的笑容，顯然滿意這個終生相隨的藝術作品。

我坐在美髮椅，一刀一剪之中，「嚴肅地」問了她三個問題：「你是不是快三十五歲了？」「你是不是已經想著要買一間屬於自己的房子？」「你是不是很久沒有談戀愛了？」她老實地回話：「我今年剛好三十五歲！」「今年上半年我已經在東區，買了一間公寓，三十多坪。」「……我上次的戀情是四年多前，嗯，已經好久了。」她露出不可思議的眼神，問我怎麼會知道這些？這麼準？

我向她解釋，孔子說「四十不惑」，孟子說「四十不動心」，那是說男人的「開始會思考的自我意識」：男人的四十歲！而現在這個時代，女性的教育學歷已經不差男生了，甚至有些人還高出男生許多，她們思想獨立，她們財務獨立，她們早已不需要依附男生。職場的表現，已經遠遠比那些「不長進的臭男生」優秀太多了。她聽了我的開場白回答：「四年多前，我就是看我的男朋友太幼稚、太懶散了，所以把他休了。」

「但是，你怎麼會猜中我的狀況？」我說男人四十不惑，女人則是三十五不惑！她們比男生早熟，更懂得世故。三十五歲是這些聰明的女生們開始決定為自己而活的年紀，她們品味生活熱愛生命，對於愛情還是渴望，但是不會花那麼多的時間在上面，如果沒有男朋友也無所謂。女生單身的三十五歲，她們的潛意識已經開始為「終老時埋鍋造飯」準備了。生理與心理有個時鐘，三十五歲時，它就悄悄地響著。

日本女漫畫家柴門文，她的作品《Age，35》後記：「三十五歲還是有無盡的可能，當你發覺到自己走上岔路、想重新出發的話，可能性還相當地充裕。我想這就是三十五歲。」

潛意識，真是神奇的東西，我們渾然不察自己「無形的思想」，它直接影響著我們的行為，那種直覺的思想，學者們稱之「主觀心理」。這一位美髮師，她國中時期便開始自己賺錢養自己，雖然還年輕，可是算算也有二十二年職場經驗了，她在專業工作穩定，甚至累積了一些成就，之後，不知不覺有了「人需要活得瀟灑、自在、痛快，在思考中精神煥發，讓自己活得明白」的潛意識表現。

身處深秋人生，我重新深讀前後《赤壁賦》的禪心——

所以，我也好奇「初老族」生命意義的潛意識是什麼？

55＋的他們，對於即將面對深秋人生的潛思想，必然迥異於35＋、45＋的潛意識，這個族群的人們，要如何定下自己新的座標？讓自己活得明白的「萬古長空，一朝風月」是什麼？

蘇東坡被貶謫黃州，這是他一生最困頓的時期之一。他在元豐五年（一〇八二），曾於七月十六和十月十五兩次月夜泛遊赤壁，寫下了兩篇以赤壁為題的賦，後人稱第一篇為〈前赤壁賦〉，第二篇為〈後赤壁賦〉。二賦文學價值無敵，千年佳作，說的是蘇軾從掙扎到解脫的心路歷程。中年後，凝視深秋人生的我，再一次深度閱讀蘇東坡的禪心，咀嚼再三，對應自己。

有時小橋流水，僅能怡情養性，有時菜圃花園，僅能轉換心情。

如果要有一番大體悟，讓人在此處此刻，定下自己在這世界的座標，或許需要大山、大江、大漠、大海的風景，遼闊曠遠，把自己變得渺小，如此興起「念天地之悠悠」，感慨天長地久，宇宙無垠，人生之短暫，個人之渺小。在山巔、在海邊、在曠野，獨自觀看夜空群星璀璨的穹蒼，視野有了浩嘆，心靈有了清湛。或許加上一輪明月、一道流星、一記鐘聲，一偈佛號，一個觸動，我們才會開啟生命與宇宙的連結。

七月仲夏夜，在月明星稀的長江小鎮，蘇東坡與僧友楊世昌等人到了赤壁，秉燭夜遊。一切似乎條件具足，好友、好景、好酒，「自我來黃州，已過三寒食」，四十六歲的蘇東坡，看到月亮從東山升起，徘徊在北斗星與天牛星之間。白霧籠罩著江面，水色與月光連成一片。他們的小舟在霧氣茫茫的大江，彷彿乘風航行於空中。他們開始吟唱，輕敲船舷打著拍子：「桂櫂兮蘭槳，擊空明兮溯流光。渺渺兮予懷，望美人兮天一方。」這一群大叔有了觸動，與宇宙的連結有了感應。

客亦知夫水與月乎？逝者如斯，而未嘗往也；盈虛者如彼，而卒莫消長也。蓋將自其變者而觀之，則天地曾不能以一瞬；自其不變者而觀之，則物與我皆無盡也。而又何羨乎！

譯文：你可也知道這水與月？流逝的就像這水，其實並沒有真正逝去；時圓時缺的就像這月，終究又何嘗盈虧。可見，從事物變易的一面看來，天地間沒有一瞬間不發生變化；而從事物不變的一面看來，萬物與自己的生命同樣無窮無盡，又有什麼可羨慕的呢？

且夫天地之間，物各有主，苟非吾之所有，雖一毫而莫取。惟江之清風，與山間之明月，耳得之而為聲，目遇之而成色，取之無禁，用之不竭。是造物者之無盡藏也，而吾與子之所共適。

譯文：何況天地之間，凡物各有自己的歸屬，若不是自己應該擁有的，即使一分一毫也不能求取。只有江水上的清風，以及山間的明月，吹送到耳際便聽得聲音，映進入眼簾便繪出形色，取得了這些不會有人禁止，感受了這些也不會有竭盡的憂慮。這是造物者無窮盡的大寶藏，你我皆可一起享用。

我以為，關於定下自己在這個世界的座標，愛與生活就是 X 軸 Y 軸。愛，就是對生命的眷戀和疼惜。生活則是品味，品人間萬般滋味。

二〇一四年，我努力書寫一本關於節氣食材書本《著時》，進行著一次次食材之旅，不僅是美食的酸甜苦辣鹹，也說著「時間」之味。每一個節氣，對應一種蔬果。每一個歲月，對應一個詩人的生活態度。

其中「小暑」節氣，我得有晁補之在小暑的詩句「一碗分來百越春，玉溪小暑卻宜人。紅塵它日同回首，能賦堂中偶坐身。」

譯文：烹煮一碗淡茶，兩相對坐。正是小暑節氣，溪流淙淙，景致宜人。倘若他年依舊夏日時節，依舊清茶。朋友，還能和我同坐一室，遍賞美景？

《著時》裡我說：「這一天是陽曆的七月七日或八日。『小』就是微，而『暑』就是炎熱，『小暑』是說天氣已熱，尚未達於極點。有趣的是，古人會在農曆『六月六』，抖晾衣服、書籍，他們說這天的陽光『可以不生蟲蠹』。現代，它成了今人夏日「曬書節」風雅之事的創想。」小暑，我試圖寫著小詩回應晁補之他的愛與生活：

熱了，做客的晁補之喝了一碗百越茶
樂了，玉溪小暑卻宜人
寫了，七月晚雲如山，夜星如河
醉了，我知道雲山星河會在此曳下一道瀑布

雅典的德爾菲神殿，有兩行字——

或是，你可以凝視一座神殿與教堂……認識自己，了解世界。

雅典的德爾菲（Delphi），是所有古希臘城邦共同的聖地。據考古它應該在西元前八世紀以前，便已經有祭壇及神殿的建築。此地被古希臘認為是世界的中心，遺址中有個標示大地肚臍石柱的錐型石塊，神殿主要供奉太陽神阿波羅。希臘人以為阿波羅神代表著光明、理性、形式，以及各種安頓的力量，因此對很多人而言，它是一個解決人生謎題的地方。

近三千年的德爾菲神殿，石柱上刻了兩行字：

認識你自己

凡事皆勿過度

第十二章

終老時，屋矮不礙雲

55＋，開始練習探索終老時的心志——

二〇一三年秋天，我擔任《中國時報》人間副刊的「每月新書介紹」，共有四個星期的任務。我是閱讀的雜食動物，貪多，於是這四篇的「非文學」介紹，我挑出眾多新書，將它們分類：

一、〈食物的旅行與蹲點〉，我講美食文化。

二、〈教育的婆心與金剛心〉，我講教育工作。

三、〈終老時，屋矮不礙雲〉，我講老年學。

四、〈記憶大河裡的觸感地圖〉，我講城市誌。

其中第三篇〈終老時，屋矮不礙雲〉，有一段我寫了：

朋友是某醫學院老年學研究所所長，幾天前他在臉書上貼出碩士班招生資訊，他說：「老人照護產業是今日及明日之星，有長遠眼光者就會把握現在來增進自己的實力。」貼切！

難怪街坊雜誌要透過「嬰兒潮世代退休規劃與認知」民調，訪察未來「大退休潮」的浪高和浪幅。雜誌資訊之一，有百分之四十二．七的人不知道自己的退休金要存多少才夠。經建會也預估未來十九年，每年有二十九萬人退休，共計五五一萬陸續離開職場，那是台灣人口的四分之一，其中包含我在內。這些人他們預定工作到幾歲？預定六十至六十五歲有百分之二十三，六十五歲以上者有百分之二十六。所有的統計數字繞著「養老錢」轉，隱隱中，許多人不敢想像未來怎麼辦？沒有錢，似乎連老的權力也沒有了。

這是二〇一三年所書寫的文章，如今已過了七年，代表這項調查開始七年後，台灣又有二〇三萬人退休，其中包含了我，我從傳統職場退休四年了。

七年前，我約是五十五歲，已經躋身初老族，偶爾自問一個「老」問題：怎麼身邊許多年紀相仿的親友，甚至更長者，三兩句後，彼此話題便轉向養生，怎麼吃？怎麼坐息？怎麼保養？甚至談著現在身上的血糖值、高血壓、骨密度、膽固醇指數……除了這些議題，其他話題都顯得興趣缺缺，更「無視」未來終活想像與日常計畫。

許多人對「未來的終老時」漠視，沒有想像力，當年的我是訝然好奇怎麼會這樣「坐視不管」？當我們終老了，生命過程中一定會出現的掙扎、轉折、抉擇，如何維持對生活的執著與熱情，怎麼他們都一無所悉？

我是個歷史控，想藉由古人來解答我的困惑，甚至提供經典的不同視野，當是我的前進目標。蘇東坡大家耳熟能詳，來介紹他的弟弟蘇轍，他的終老故事，或許有線索。也想多認識享壽八十六歲的陸游，他的晚年一定有值得我們深思再三之處。

在許昌的蘇轍與道潛僧，一直盼著哥哥的前來相聚——

在六十五歲蘇東坡病逝常州前幾個月，蘇轍六十三歲。當時他冷淡了仕途之心，放棄新職，計劃退休。蘇轍與家人前往許昌，駐停在那裡等待哥哥回信。蘇轍希望兄弟倆一起到許昌退休，頤養天年，不問政事。

等待中，道潛僧意外來訪，他是哥哥的老朋友。原來，道潛僧在去年八月就來嵩陽雲遊，聽到蘇轍在此卜居的消息，順路就來了。兩人一起等著蘇軾的消息，期間道潛僧作了〈次韻子由侍郎書事二首〉，讚許蘇轍在此之前七年貶謫生涯的淡泊與堅毅，其一：

七年依嶺外，遇物即防閑。
宿負初償畢，他生豈復還。
飄飄疑鶴骨，奕奕藹童顏。
自許喬松壽，玄機密鎖關。

另一首，有「買田鄰少室，為計老餘生」句子，「少室」則是河南少林寺所在的山脈，說的是蘇轍的現實狀況。蘇轍當然也要有所反應，他寫了〈次前韻示楊明二首〉，謝謝道潛僧的「禪意」，其中一首他說：

晚歲有餘樂，天教一向閒。
嵩陽百口住，嶺外七年還。
卜宅先鄰晏，攜瓢欲飲顏。
吳僧來不久，相約叩禪關。

蘇轍當然沒想到，下一次與道潛僧見面，竟然一起在這裡弔祭他的兄長蘇軾。

話說蘇轍終於等到蘇軾的來信，他展開哥哥手書〈與子由書〉，信中寫著：「頗聞北方事，有決不可往潁昌近地居者。事皆可信，人所報，大抵相忌安排攻擊者眾。北行漸近，決不靜爾。今已決計居常州，借得一孫家宅，頗佳。浙人相喜，決不失所也。……此行不遂相聚，非本意，甚省力避害也。」當時局勢，虎視眈眈的奸臣蔡京上任，他對元祐黨人又張牙舞爪了。世局險惡，蘇東坡決定放棄前往許昌，維持即既定計畫到常州旅居，希望避禍。

六月十五日，蘇東坡一家抵達常州，運河沿岸站了滿滿的歡迎人潮，接近萬人。蘇東坡把兩隻手伸出，回應揮動，轉身向舟中人說：「他們會看殺我也。」面對熱情鄉人，他有些不好意思。蘇東坡在「藤花舊館」後門下船，腳步蹣跚。

七月二十八日，蘇東坡病情藥石罔效，氣若游絲。臨終時，蘇軾最大的遺憾是未能再見蘇轍一面。他對好友錢世雄說：「惟吾子由，自再貶及歸，不及一見而訣，此痛難堪！」我最大遺憾是沒再跟弟弟見上一面。最後他在維琳方丈、錢世雄與家人陪同之下，瞑目而逝。

蘇東坡「此痛難堪」的呻吟，真是造化作弄，從此兄弟殊途。每次我讀到這一段傷心事，總是一陣不忍。

收到哥哥遺書：「即死，葬我嵩山下，子為我銘」——

很快地，蘇轍收到哥哥最後一封尺牘，急切打開信，最先進入眼簾的是，蘇東坡給弟弟的一句話：「即死，葬我嵩山下，子為我銘。」對噩耗猝不及防的蘇轍如五雷轟頂，瞬間痛哭，身體軟癱，久久之後說：「小子豈忍銘吾兄！」我怎麼寫得了哥哥的墓誌銘？哽咽淚流，就再也說不出任何話。

話說一年前（一一〇〇），向太后垂簾旨意，釋放那些已經老邁、疲憊的元祐學者，蘇轍與哥哥在北歸的路上，一個從儋州，一個從循州雙線並行，蘇家兄弟渴望看見彼此。而今，蘇轍盼來的是一紙噩耗，怎能不叫人痛斷肝腸。

七月十八日，蘇轍寫完了墓誌銘，他的身體太羸弱了，已經無法遠行，把墓誌銘和祭文繳給兒子蘇遠，派他前往常州祭奠。九月，蘇轍懷著悲悼心情，作了〈祭亡兄端明文〉：

惟我與兄，出處昔同。幼學無師，先君是從。遊戲圖書，寤寐其中。曰予二人，要以是終。後迫饑寒，出仕於時。鄉舉制策，並驅而馳。猖狂妄行，誤為世羈。始以是得，終以失之。……兄歸晉陵，我還潁川。願一見之，乃有不然。瘴暑相尋，醫不能痊。嗟兄與我，再起再顛。未嘗不同，今乃獨先。

哥哥歸去常州，我則滯留許昌，兩人最終無法相見……。

話說蘇東坡死後次年，五月蘇邁、蘇迨、蘇過兄弟仨護送父親的靈柩，離開常州，開始千里行腳，先北上轉西行，三兄弟應許父親的遺願要到「他自選的埋骨之地」：汝州。

蘇轍賣掉了自己的部分田產，得九千多錢，資助蘇軾之子以安葬父親。潤六月二十日，蘇轍將其歸葬於汝州郟縣「小峨眉山」。為何是這個地方？話說紹聖元年（一〇九四），五十六歲的蘇轍貶知汝州，五十八歲的蘇軾來此相見，期間兩人遊步附近名勝，發現此地景色與家鄉有幾分相像，兄弟相約將此地定為養老和埋骨之處，兩人許諾「死也要在一起」。

蘇轍對兄長的懷念之情，並未隨著安葬後漸漸淡忘，而是久久不息，每每睹視蘇軾遺墨，未嘗不唏噓流淚。蘇軾在海南儋州時曾書陶淵明的〈歸去來兮辭〉，並邀蘇轍同和。〈歸去來兮辭〉是蘇東坡的最愛，屢屢讀著「歸去來兮，田園將蕪胡不歸！既自以心為形役，奚惆悵而獨悲。悟已往之不諫，知來者之可追。」這一曲歸去來，在各朝各代徘徊於入仕與隱逸之間的苦悶文人，心中烙下了不可替代的印記。蘇軾也是以此象徵高潔志趣，但是到儋州流放之地，「回家去吧」成了他最後的救贖目標。

受到同和邀請，當時蘇轍正遷往龍川的路上，未暇酬和。蘇軾死後，蘇轍整理舊書，偶得此篇文書，泣而和之：「歸去來兮，世無斯人誰與遊？」他在〈題東坡遺墨卷後〉說：「少年喜為文，兄弟俱有名。世人不妄言，知我不如兄。篇章散人間，墮地皆瓊英。凜然自一家，豈與餘人爭？」哥哥死後，蘇轍深感既無對手，更無知音了：「敵手一時無復在，賞音他日更誰期？」

「風雨對床」是蘇軾、蘇轍兄弟的深情約定，而今陰陽永隔。

新上任宰相蔡京變本加厲，廣立「元祐黨人碑」打壓舊黨——

葬兄之後的蘇轍，迎來了政敵新的打壓：追貶司馬光等四十四人，其弟子不得再入京師做官。朝廷下詔：「蘇軾追貶崇信軍節度行軍司馬，其元追復舊官告繳納。蘇轍更不敘職名。」又詔：「蘇轍等五十餘人，令三省籍記姓名，更不得在京差遣。」蘇轍次子蘇適因此被罷「太常寺太祝」，從京城回來了。

話說宋徽宗以奸臣蔡京為尚書右僕射兼中書侍郎。蔡京為了杜絕「建中靖國之政」再次發生，當時把那些元祐文人從南方蠻荒「北歸」政策，現在他要反制，用力箝制。由蔡京主謀，朝廷列出文臣執政官文彥博與蘇轍等二十二人、待制以上官蘇軾等三十五人、內臣張士良等八人、武臣王獻可等四人，陸續再加上其他人，共三〇九人黑名單，稱他們是「奸黨」，並請御書（碑序由宋徽宗所寫）刻石，在汴京端禮門立下「元祐黨人碑」。蘇轍兄弟與「蘇門四學士」、李清照父親李格非等等都在石碑名單裡。

這是一樁歷史鬧劇，但是蔡京變本加厲。崇寧四年（一一〇五），他又令各州軍也立元祐黨籍碑，幾個月後，立碑遍及全國各地。後話，似乎老天有眼，次年正月，在文德殿東牆上的元祐黨人碑突遭雷擊，破而為二。此是上天降怒，毫無疑問。宋徽宗大懼，但因怕宰相蔡京反對，使人在深夜偷偷毀了黨人碑。蔡京發現此事，十分懊惱，卻大言不慚地說道：「此碑可毀，但碑上人名則當永誌不忘！」現在我們知道，他是如願以償了，那些三〇九名單成了歷史的驕傲，後人引以為榮。

另一方面，蘇轍在兒孫的安排下，搬離許昌，遷居汝南，窘居在城西一座有三間茅屋的僻靜小院，宅邊有一片稻田，屋主遊宦未歸，蘇轍可以暫且安居。

幾個月後，春天不遠的正月，有一年輕人姜唐佐來訪，是茅舍第一位訪客，自我介紹後，蘇轍得知眼前的這一位是哥哥在海南儋州的學生，瓊山人，字君弼。他在元符三年（一一〇〇）赴京參加科舉考試。行前，蘇老師親書柳宗元的〈飲酒〉、〈讀書〉二詩惜別，囑咐他「益廣學問，以卒遠業」。

姜唐佐說，蘇軾老師還贈我「半首詩」作別，還說：「異日登科，當為子成此篇。」他拿出珍存的扇子給了蘇轍看：「滄海何曾斷地脈，白袍端合破天荒。」蘇轍看到哥哥的遺墨，心中一陣酸楚。拍拍正思念恩師而哭泣不已的年輕人，徐徐說道：「君弼氣和而言遒，有中州士人之風。君弼成為海南自古以來第一位舉人，也是天道酬勤，子瞻可以含笑九泉了」。

來！我幫你補上另外幾句。蘇轍提筆，在扇面寫下：

生長茅間有異芳，風流稷下古諸姜。
適從瓊管魚龍窟，秀出羊城翰墨場。
滄海何曾斷地脈，白袍端合破天荒。
錦衣他日千人看，始信東坡眼力長。

後話，姜唐佐未曾進士及第，但幸運地擁有了蘇軾、蘇轍兄弟聯手親筆題詩的扇子，世代珍藏。至於他的中舉，對海南來說確也意義非凡，歷代瓊士視他為東坡遺澤，開一代文風的榜樣。

六十六歲潛居潁水之濱，思量在此終老，自號「潁濱遺老」——

崇寧三年（一一〇四），六十六歲蘇轍回到在潁昌租住的卞氏宅院裡。自此潛居潁水之濱，思量在此終老，自號「潁濱遺老」，讀書學禪度日。

由於朝廷有詔命，元祐黨人子弟不得在京城做官，甚至連京城也不得入。三個已婚的兒子與家人都不得不待在潁昌，大家無法外出任職。於是一大家子擠在擁窄的宅院空間。蘇轍的孫子與外孫成群，但是大夥不管世局如何變化，有下田耕種的，有幫忙抱柴火的，彼此相敬如賓，「詩書之家不聞喧譁之聲」，日子過得平靜和諧。

之後，以所剩不多的積蓄買下所租的房舍，甚至開闢了南園，全家阮囊羞澀，但是蘇轍常常與兒孫在南園竹林乘涼、鬥詩。回歸自然的蘇轍並不在意經濟困頓，他的一句名言，成了家人當時的口頭禪：「花錢買高興！」

家人自行整修老舊的屋舍，面對修繕完整的新屋，蘇轍在兒子蘇遠的建議下，他說：「我大難不死，能跌跌絆絆來到這潁水邊過活，已經自號潁濱遺老，就把這宅子稱之『遺老齋』吧！」蘇轍動筆寫下〈遺老齋記〉：

……其南修竹古柏，蕭然如野人之家。乃辟其四楹，加明窗曲檻，為燕居之齋。齋成，求所以名之，予曰：予潁濱遺老也，盍以「遺老」名之？……予聞之樂莫善於如意，憂莫慘於不如意。今予退居一室之間，杜門卻掃，不與物接。心之所可，未嘗不行；心所不可，未嘗不止。行止未嘗少不如意，則予平生之樂，未有善於今日者也。汝曹誌之，學道而求寡過，如予今日之處遺老齋可也。

這時所謂元祐黨人，已經死得寥寥無幾，「元祐人至子由，存者無幾矣」。文中所說「退居一室之間，杜門卻掃，不與物接」，真的是蘇轍的日常寫照，以現代說法是「資深宅男」。六十九歲時，他在上元節（元宵）沒有外出賞燈，照例在書房孤燈相陪，他的〈上元不出〉詩文已經透露他的「孤獨情深」：

春寒未脫紫貂裘，燈火催人夜出遊。
老厭歌鐘空命酒，病嫌風露怯登樓。
擁袍坐睡曾無念，結客追歡久已休。
試問西鄰傳法老，此時情味似儂不。

蘇轍的終年：跏趺、唸佛、學禪、讀書、大量創作與著述──

但是，十多年來隱居生活，他有兩件大事持續進行。蘇轍勤於筆耕，有大量手稿，積案盈箱，其中有《潁濱遺老傳》、《詩傳》二十卷、《春秋集轉》十二卷、《老子解》二卷、《欒城集》、《欒城後集》、《欒城三集》共八十四卷、《應詔集》十二卷……其中《欒城三集》是他的最後一部詩文集，在七十三歲時整理成集。作詩填詞是他最大的精神抒發、寄情。〈遺老齋絕句十二首〉其一：「老檜真百尺，疏竹疑千畝。紛紛霰雪中，見此歲寒友。」

蘇轍另外一件大事，他在「待月軒」書房當起家教，學生是他眾多的孫子、侄孫（蘇東坡的孫子）和外孫，「隔代教養」成了他的新任務，他有系統地開講《論語》、《孟子》、《春秋》、《老子》、《莊子》等書。

大觀二年（一一〇八）二月二十日，蘇轍七十歲生日。全家在新建的南堂供佛，在西寺齋僧百人，隆重地為蘇轍慶祝這得來不易的壽辰。蘇轍作詩〈七十吟〉，感慨：「年來霜雪上人頭，俄爾相將七十秋。欲去天公未遣去，久留敝宅恐難留。」他為自己在坎坷中迎來的高壽誠惶誠恐，對上蒼感恩。

政和二年（一一一二）春天，七十四歲的蘇轍突然想要外出，去遊潁昌西湖，家人都覺得奇怪，多年來老爺子杜門不出，除了讀書著述之外，就是練跏趺（打坐，盤膝而坐）、唸佛經。

這次出遊，有外孫文驥相陪，祖孫二人同行，引發鄉人好奇「老者是何方人氏？家住哪裡？」蘇轍當天作品〈遊西湖〉，自笑「已經活到魚鳥驚猜」的地步了：

閉門不出十年多，湖上一遊一夢回。
行過閭閻爭問訊，忽逢魚鳥亦驚猜。
可憐舉目非吾黨，誰與開尊共一杯。
歸去無言掩屏臥，古人時向夢中來。

譯文：閉門十年，遊湖一趟，彷彿是夢中行走。路過之處，許多鄰人都在問我是誰？連水裡的魚、天上的鳥都驚異我是誰？可惜，這趟閒行沒有舊友知音同行，大家只當我是陌生老人。哎呀，真希望有人跟我舉杯暢飲。回到居處，默然無言，掩上屏風、面牆臥睡，希望夢中有「故友」來訪。

蘇轍渴望與哥哥再度遊湖共酒，也希望他能入夢。蘇東坡已經去世十一年，他依舊思念哥哥子瞻，今天更加強烈，惆悵無言，藉著假寐翻身面牆，獨自孤寂。

遊湖後，蘇轍整理心情，對生命更從容、更珍惜，作詩更加勤奮，他悉心地體驗著節令，在晴雨變化中喜憂天地。〈喜雨〉、〈雨過〉、〈林筍〉、〈感秋扇〉、〈溽暑〉、〈秋後即事〉，其中有〈南齋竹〉：「幽居一室少塵緣，妻子相看意自閒。行到南窗修竹下，恍然如見舊溪山。」蘇轍對自己「潁濱遺老」的這些年頗為自適自在。

他沒有沉湎在含飴弄孫的安寧之中。

蘇轍自知生命無幾，時不我待，不能任光陰虛度，他整日著述創作，手不釋筆。他自述：「詩歌乃是延年益壽良方，著書以為樂。」寫作是他的職志，卻也成了他的養生之道。

當年九月，朝廷詔命「蘇轍由中大夫轉太中大夫致仕」，這是「平反」的政治動作，政敵給的罪名從此泯滅。他寬慰許多，轉身走入書房，提筆寫下〈壙院記〉告慰九泉之下的父母和祖宗，包含手足一生的哥哥，自己在有生之年總算恢復名譽。寫完，老淚縱橫。

十月三日，七十四歲的蘇轍彌留之際，再次說著：「我要和子瞻在一起」

十二月，朝廷對蘇轍追復端明殿學士身分，特賜宣奉大夫。

兒子們按照父親遺願，把他葬在河南郟縣城西二十七公里處，小峨嵋山東麓茨芭鎮。蘇轍墳位於蘇軾墳的右側。二〇一八年，夏天，我獨自去嵩山旅行，賃車前往憑弔「三蘇墓」，墓碑寂寂，內心澎湃。

蔣中正臨終前，聆聽黃庭堅「賢愚千載知誰是，滿眼蓬蒿共一丘」——

二〇二〇年四月底起，故宮展出的第二批「國寶聚焦」，其中一件便是黃庭堅〈花氣薰人帖〉，此帖在二〇一二年獲文化部指定為國寶。詩作浪漫中帶著禪意，書法線條婉轉靈動。

黃庭堅是北宋著名文學家、書法家，是江西詩派開山之祖。他與張耒、晁補之、秦觀都遊學於蘇東坡門下，合稱為「蘇門四學士」，之後與蘇東坡齊名稱為「蘇黃」。

有稗官野史，說一九七五年四月初，蔣中正臨終前讓 Miss 羅（那個年代的人，稱呼護理士為 Miss）為他唸黃庭堅的〈清明〉，聽到最終一句，蔣中正老淚縱橫，他讓 Miss 羅反覆幾次：「賢愚千載知誰是，滿眼蓬蒿共一丘。」詩句意思是千年後誰曉得你是否賢愚，反正最後大家都是黃土蓋身，僅剩長滿野草的小墳堆罷了。

黃庭堅這篇〈清明〉作品，前兩段描述清明時節的氣候與光景，第三段則用了兩個有關清明掃墓的典故，這是他的觸景生情。一個是「無恥的乞食人」，一個是「忠貞的隱士」：

「人乞祭餘驕妾婦」，《孟子》裡有一故事說古代有個齊人，常常蹭到墓地向他人乞討祭奠親人後的飯菜，吃得油嘴膩臉。回到家裡，還大言不慚地對妻妾撒謊吹噓，說他是在某些貴富朋友家裡吃喝，主人如何盛情招待他。這是一個貪鄙愚蠢的形象。

「士甘焚死不公侯」，說的是春秋時期的介子推，他幫助晉文公即位之後，「功不言祿」，寧可與母親隱居山中。晉文公到綿山尋他，想讓他出來做官，介子推始終避不見面。於是晉文公下令放火燒山，企圖逼他逃出，再請他出仕上任。但是，介子推其志不可動搖，意抱柳樹焚死山中。

佳節清明桃李笑，野田荒冢只生愁。
雷驚天地龍蛇蟄，雨足郊原草木柔。
人乞祭餘驕妾婦，士甘焚死不公侯。
賢愚千載知誰是，滿眼蓬蒿共一丘。

黃庭堅這個作品，寫於北宋末年的「新舊黨爭」末期，所有元祐學者遭到貶逐。元祐八年（一〇九三），高太后去世，宋哲宗親政，重新起用新黨。新黨開始羅織元祐學者們的罪名，其中五十七歲的蘇東坡被以譏刺先朝（神宗朝）的罪名貶知英州，未至貶所，又貶居惠州（今廣東惠陽）。

而黃庭堅當年四十九歲。七月，他被解除祕書丞，提點明道宮，兼國史編修官。九月，連編修的工作也沒了。他委屈，向朝廷申請有一宮觀居住即可。次年六月（紹聖元年），又被任職管理亳州（今安徽省亳縣）明道宮，但是被責令於開封府境內居住，以便聽候國史院之對證查問（因為政敵依舊羅織對他的罪名）。

七月初，當時黃庭堅趕到彭蠡湖（今江西鄱陽湖）與蘇軾相會，並向他送別。這個時間點，蘇東坡因「譏刺先朝」之罪名，被政敵政權貶往英州的半途。二人在此相會盤旋三日，才灑淚分手而別。此次五十歲的黃庭堅與五十八歲的蘇東坡一別，竟成永訣，亦師亦友的兩人，此生沒再見面。

身處這般政治追殺境遇，看看彼此兩人的蒼蒼白髮，黃庭堅在清明節面對野田荒塚，墳裡那些不詳的人生，是誰？似乎已經不重要了。賢愚？似乎也不必在意了。我想，蔣中正臨終前咀嚼這首詩，他的淚水似乎也明白「人生不過是一條河流，從清澈小溪流入荒涼江河，再奔入無邊的大海」。過去所爭的江山，所在意的歷史定位，如夢、如幻、如泡、如影、如露、如電……。

但是，許多人的終老，卻是屋矮不礙雲，事過境遷都化為雲淡風輕，瀟灑自在。他們體認出什麼人生態度？一個人的自在，不是因為他擁有的多，而是計較的少。一個人的坦然，因為懂得，與其說是別人讓你痛苦，不如說自己的修養不夠。他們放下昔日的繁華風光，走入靜謐而自適的日子。退休後的王維說「行到水窮處，坐看雲起時」，隨意而行，走到哪裡算哪裡，不知不覺，就到了水流盡頭，無路可前行，索性坐下來，遠看山雲的起伏。

陸游的晚年養生之道：創作不斷、吃養生粥、拿笤帚掃地——

宋詩人陸游享壽八十六歲。

幾年前我在書寫《著時：南方、美時、美食》之際，曾經找尋古人他們對二十四節氣時所做的詩詞，一個節氣一位詩人，一個節氣一個心情，其中「芒種」詞句，我摘得晚年陸游居住鄉野之際，他對初夏的印象。

芒種初過雨及時，紗廚睡起角巾攲。
癡雲不散常遮塔，野水無聲自入池。
綠樹晚涼鳩語鬧，畫梁晝寂燕歸遲。
閑身自喜渾無事，衣覆熏籠獨誦詩。

喜歡「渾然無事」的他，所描述的生活情景與季節感受，我嘗試寫著小詩，試圖與他對話，並且想像：「攜來在暮春之際所釀的一壺村酒，與他共飲。」這是我的筆下情境：

自稱野老的陸游，也笑稱是惰農
歡喜無事，賴在竹床聽鳩語鬧
我也學他，自笑是笨樵
就愛遠聞林中的雨涼

兩人一壺暮春酒，開卷，卻無初夏詩

話說在「老學庵」書齋度過近二十個寒暑的陸游，他總共寫了七千四百首詩，占其一生近萬首詩的十之七八。他愛吃養生粥，也勤於創作，注意強身健體，當他寫作累了，便用灑水掃地的辦法，驅除大腦疲勞，活動四肢，加快血液循環。為此，他的身邊總放著一把笤帚，寫累了就掃上一陣。他自己寫下：

一帚常在旁，有暇即掃地。
既省課童奴，亦以平血氣。
按摩與導引，雖善亦多事。
不如掃地法，延年直差易。

白居易的晚年：把家裡的書籍和酒全部搬到香山寺住下——

唐朝詩人白居易享壽七十五歲。

「大雪」，這也是我在書寫《著時》的節氣，其中古人詩句，我摘得四十五歲中年白居易的〈夜雪〉。當年，元和十一年，他被貶江州司馬已經兩年，剛剛寫完驚人的〈琵琶行〉長詩，惆悵餘韻未消。〈琵琶行〉全詩共七五四字，若不計序言則有六一六字。白居易在潯陽江頭送別客人，偶遇一位年少因藝妓紅極一時，遲暮年老被人拋棄的琵琶女，有感而發，其中「同是天涯淪落人，相逢何必曾相識」引發千年共鳴。

白居易的〈夜雪〉也是這個時期的創作，文字顯得清淡，別具清新風采，詩中寫著寒冬裡，人在睡夢中被凍醒，驚訝地發現蓋在身上的被子已經有些冰冷。同時疑惑之際，望去窗外，屋外已然下雪了，雪地被月色映得明亮亮的。雪，落地無聲，白居易睡得沉，直到冷醒。

已訝衾枕冷，復見窗戶明。

夜深知雪重，時聞折竹聲。

陶淵明也寫雪，有「傾耳無希聲，在目皓已潔」。傾耳聆聽，幾乎聽不到下雪的聲音，但在不知不覺間，已經白雪遍地，滿目是明亮潔淨的景象。

白居易被冷醒了，夜深，雪開始下得大，不時能聽到雪把竹枝壓折的聲音。他的這詩句沒有色彩刻畫，卻有畫面有聲響，雖是平凡的雪夜，但是細細品味，便會發現它凝重古樸。下面的句子，是我的筆下夜雪情境：

我在渡口的石階看夜也看雪
白居易也失眠，他推窗
夜深知雪重，時聞折竹聲
衾枕冷，水面上雪舟卻是睡得沉

韓琦的晚年：創建「萬籍堂」藏書萬卷，氣平潛心書海——

宋政治家韓琦，享壽六十八歲。比范仲淹年輕十九歲，比蘇東坡長了二十九歲。因為王安石的變法，大宋沸沸揚揚，富弼、文彥博、司馬光、王拱辰等等老臣陸續退休，大家閒居在洛陽。年輕的蘇東坡在杭州擔任通判，蘇轍在齊州擔任掌書記，至於歐陽脩隱居穎州（熙寧五年，一〇七二年逝世）。

韓琦也從宰相職退下，在大名府駐守五年。退休後，回到故鄉相州。退休日子，韓琦開始把收藏的書冊，一一親手點校，「丹黃燦然」。他在點校書籍時，會用朱筆書寫，遇有錯字，塗以雌黃，這樣點校文字的丹砂與雌黃二色，合稱「丹黃」。慢慢閱讀，細細品讀，這是韓琦晚年的樂趣，也是功力。這個功夫講究的是「氣平！」這也是韓琦從范仲淹學得的「養生」之道。

韓琦受到范仲淹的影響，他對醫書（特別是《素問》）甚感興趣，多有研究。《素問》是戰國時期的中醫理論著作，有人釋名：「素者，本也；問者，黃帝問於岐伯也。」簡單說明：「這本書記載了黃帝與岐伯的對話，以黃帝問而岐伯答的形式記載。」於是這本書也稱《黃帝內經素問》，是著名的養生古書。

范仲淹在〈與韓魏公書〉說：「承有微恙，尋已平復。人之生也，分天地之氣，不調則氣不平，氣不平則疾作，此理之必然矣。今人於十二時中，寢食之外，皆徇外事，無一時調氣治身，安得而不為疾耶？請挪十日之功，看《素問》一遍，則知人之生可貴也，氣須甚平也。」

范仲淹老年之際，也頗重視養生，他再三叮嚀好友韓琦要開始養生了，「和自此養，疾自此去矣。愛重愛重！」

在相州退休的韓琦，創建了「萬籍堂」藏書樓，陳列多年來他所聚藏的萬餘卷書冊。晚年在看書之間，韓琦神遊文字裡的思想，臧否字裡行間的對錯。他把腳步放緩，文字的體會多了思考和記憶。

當我們用很快的速度走路時，感覺上很多情緒都跟我們保持一個距離，等我們慢下來，情緒又復返。韓琦用「點校」的方式，慢慢地讀今閱古，這是他的心志凝鍊的態度，「蘊蓄既深」成了他的實力。

李清照的晚年：完成《金石錄》大著作，成就卓然——

宋朝女詞人李清照享壽七十二歲。許多人喜歡「易安居士」李清照的詞，少有認識她在靖康之禍之後的生命，甚至是晚年生活。

當年我在書寫《著時》之際，文章中「春分」節氣的對話，借用了李清照少女時期的〈如夢令〉，知否？知否？應是綠肥紅瘦。她的詞在春天讀來總是引人入勝。我寫的春分小詩，有候著、盼著、守著、等著：

該輪到妳說話了，屬於綠肥紅瘦的季節

易安居士，妳候著海棠

岑參則盼著梨花千樹萬樹
在樹下，守著白蘭盛開的是宋人楊萬里
我？等著春筍入菜

紹興十年，五十七歲的李清照完成了《金石錄》校勘工作，這是一部價值性極高的研究金石學的專著。《金石錄》大部分是亡夫趙明誠（在她四十六歲時病逝）的學術著述，它是一部關於金石收藏整理的書籍，書本部分內容則由李清照獨自完成。

因為丈夫生前已經寫下《金石錄》序文，列於書首。然而李清照在她晚年生活幾經曲折，百感交集之下，寫出這篇著名的〈金石錄後序〉。文中介紹介紹夫妻二人收集、整理的經過，李清照回憶了婚後三十四年間的憂患得失，婉轉曲折，細密詳實，語言簡潔流暢。作家蔣勳如此描述：「詞中的易安，奇絕清麗，溫婉細膩。如玉，如瓷。如畫，如神。而讀她的〈後序〉，卻見到了一個活生生的人，無關詩詞，無關名聲，無關才情，只是一個歷經半世悲歡離合的老嫗。」

紹興二十年（一一五〇），六十七歲的李清照在臨安（杭州，南宋首都）造訪了米友仁，米友仁是米芾的長子。在汴京（開封，北宋首都）的時候，趙明誠曾經與米友仁交往過，李清照也認識他。這次聽說米友仁升為敷文閣直學士，並且從京口來到臨安。米友仁繼承並發展父親的山水技法，奠定了「米氏山水」的特殊表現形式，以表現雨後山水的煙雨濛濛、空靈變幻而見稱。父子二人有大米、小米之稱。

她隨身帶來兩幅米芾的書法作品《靈峰行記帖》與《壽時宰詞帖》。李清照請米友仁驗明書法作品的真偽，並請他在卷軸上題跋。

七十七歲的米友仁面對父親的筆跡，慨然長嘆，提筆題跋，寫下：「易安居士一日攜前人墨跡臨顧，中有先子留題，拜觀不勝感泣。先子尋常為字，但乘興而為之。今之數句，可比黃金千兩耳。呵呵！敷文閣直學士、右朝議大夫、提舉佑神觀友仁謹跋。」接著隨即在另一帖作跋。

她告別了米友仁，一路上，李清照欣喜異常，好久沒有這種情緒了，抱著米友仁題跋的米芾真跡，她心曠神怡。（後話，李清照死後，《靈峰行記帖》由岳飛的孫子岳珂收藏。）現在心理學者建議長者：要「貪心些，人生才會常保新鮮」，這個「貪心」就是「永不間斷的好奇心」和「再增加一些新的渴望」。我們可以想像，當天李清照的心情是滿足的，腳步輕快，嘴角也漾著笑容。

黃庭堅的晚年養生之道：學禪、品茶，不飲酒——

黃庭堅與禪宗關係很深。困厄的貶謫年間，五十七歲的他在荊州作〈戲答王觀復酴醾菊二首〉，稍稍窺探他內心世界的禪意與隨意自在。第一首詩的前兩句，顯然得知是引用陶淵明的典故，詩意是讚賞王觀復的酴醾菊，有如陶淵明所愛之菊花，能增添晚年生活情趣。

第二首前兩句，是說明未能順利買得呂園，只得將王觀復送給他的白色酴醾菊，寄種在田家栽種的處境。不過對此小小憾事，黃庭堅以輕鬆幽默的態度轉化為另一種樂事：即當秋天花期一到，不正可因菊花的清香，讓聞到花香的朋友因此憶起我這個寄花的故人嗎？

誰將陶令黃金菊，幻作酴醿白玉花。
小草真成有風味，東園添我老生涯。
呂園未肯輕沽我，且寄田家砌下栽。
他日秋花媚重九，清香知自故人來。

黃庭堅當然喝酒，元符三年（一一〇〇），在戎州時，他非常喜愛一種荔枝酒，彷彿有此酒一生足矣，可以和老杜詩媲美，詩中的廖致平送給黃庭堅很多綠荔枝，王公權則送他荔枝釀製的綠酒：

王公權家荔支綠，廖致平家綠荔支。
試傾一杯重碧色，快剝千顆輕紅肌。
撥醅蒲萄未足數，堆盤馬乳不同時。
誰能同此勝絕味，唯有老杜東樓詩。

之後，黃庭堅曾於崇寧年間，表明自己因病而以茶代酒。崇寧元年（一一〇二），他寫下：「中年畏病不舉酒，孤負東來數百觴。喚客煎茶山店遠，看人穫稻午風涼。」同一年，他於荊南作〈戲答荊州王充道烹茶四首．其三〉，更以茶表示不變的志趣：「香從靈堅壟上發，味自白石源中生。為公喚覺荊州夢，可待南柯一夢成。」

崇寧三年（一一〇四），他在衡州寫下：

碩果不食寒林梢，割而器之如懸匏。

故人相見各貧病，猶可烹茶當酒肴。

因為健康因素而不能喝酒，黃庭堅頗覺遺憾。但以茶代酒，他體會到了另一種生活意趣。幾個老朋友相聚，大家都是貧病纏身，還好有茶代酒。與酒的濃烈相較，茶另具有一種淡雅的特質，在黃庭堅的詩中，常藉由送茶、品茶，來寄託歸隱的志趣。

我喜歡黃庭堅對「福禍無定」的淡泊，所保持「事過清涼」的態度。

我喜歡他的〈花氣熏人帖〉草書，真是動人。一一〇〇年（蘇東坡死前一年）春天，黃庭堅在荊州居處閉關修行，突然有人送很多花來。送花人是駙馬王銑，因為黃庭堅曾答應給王銑寫詩，但是久等不到，於是送花來提醒黃庭堅。

沒想到這「花氣」擾亂了黃庭堅的禪定，〈花氣熏人帖〉便率性而出，此帖用筆緊峭，瘦勁奇崛，寫到秀麗處另有韻味。詩句意思則是「花朵開放時的香氣薰來，我的禪定就被這花濃郁的香氣打亂了，現在心境已過中年，寧靜無擾。你送來這些春花催我寫詩，卻不知我現在的思緒，就像一艘小舟在八節灘頭的逆流中顛簸徘徊，船要上行，何其艱難啊。」

花氣薰人慾破禪，心情其實過中年。
春來詩思何所似，八節灘頭上水船。

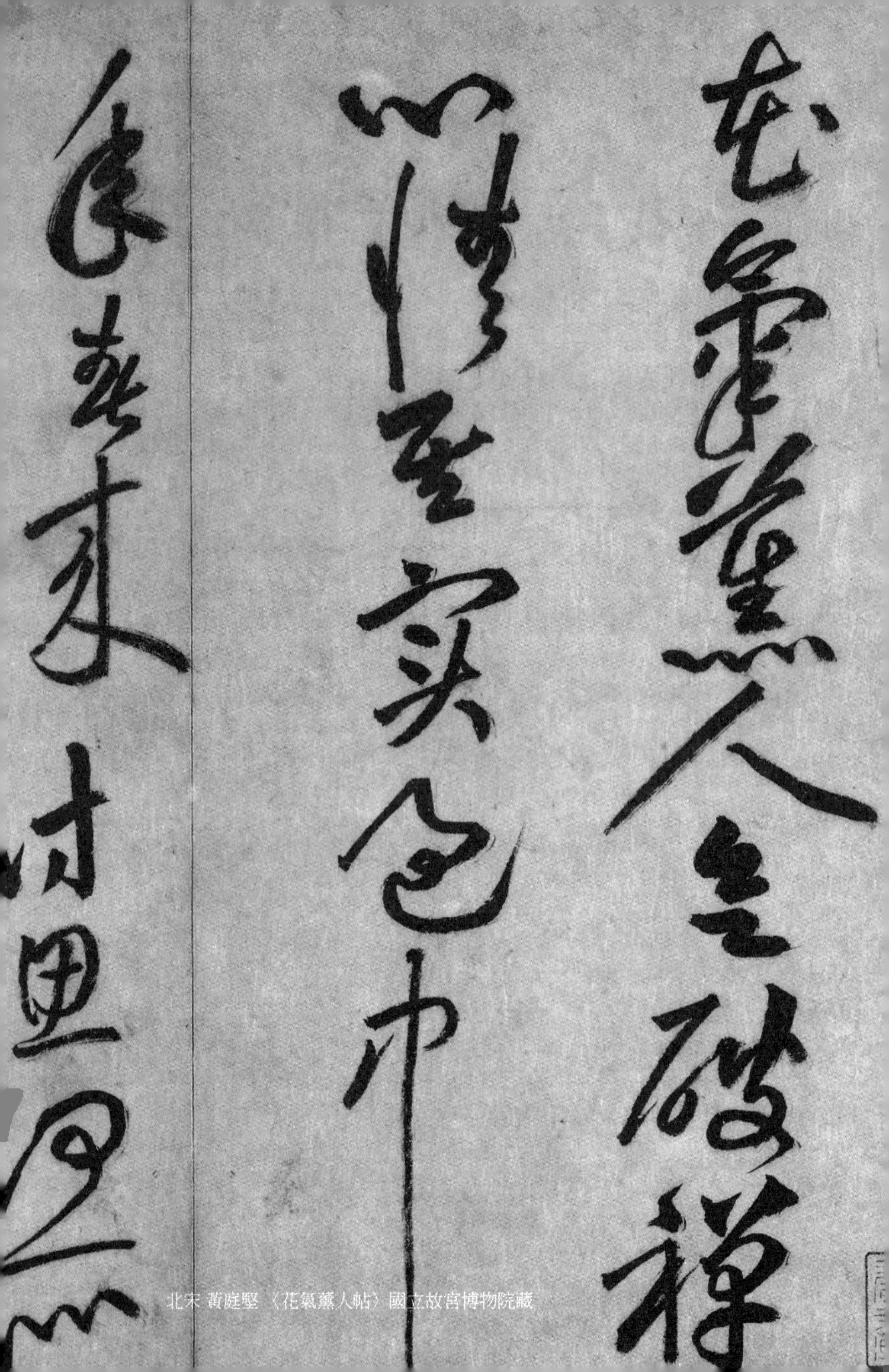

北宋 黃庭堅〈花氣薰人帖〉國立故宮博物院藏

AlphaGo 從模仿人到超越人類，我們要學的五個法則——

「AlphaGo 從模仿人到超越人類」，這個標語出現在二〇一七年初夏。前一年，圍棋人工智慧程式 AlphaGo 已經五局四勝贏了韓國職業九段李世乭。當年五月二十三日至二十七日 AlphaGo 即將與世界排名第一的十九歲中國職業九段柯潔對弈。「人機大戰」日期確定的消息傳出，關於人類與ＡＩ的對抗，再次牽動世界的神經，許多人屏息以待。

Alpha（α）是第一個希臘字母，天文學中，Alpha 是星座裡最亮的那顆星「帝座」，它在古代希臘神話中被認為是英雄海格力斯的頭部。動物學中，Alpha 是狼群裡的領頭狼。五月「人機大戰的最終戰」結果：AlphaGo 成功獲得三戰全勝，它戰勝了柯潔。賽後，中國圍棋協會授予 AlphaGo「職業圍棋九段」稱號，不過「棋聖」聶衛平稱它的水平「至少二十段」。在結束與柯潔的比賽後，DeepMind 團隊即刻宣布 AlphaGo「引退」，不再參加任何圍棋比賽，未來它將會把人工智慧技術運用到醫療等更廣泛的領域。

戰勝人類的AlphaGo，至此，風頭浪尖地已經顛覆人類過去思考的方法。也宣告人工智慧全面來襲，它也將顛覆職場、企業、產業、經濟與未來，甚至影響終老時期的人生哲學。

許多學者對於這兩年「人機大戰」做了一些結論：未來人們如果不適應ＡＩ這個事實，就可能被淘汰。然而，人類終究不須悲觀，我們要看清AlphaGo教了我們哪五件事，過去我們有哪些思考盲點？「屋矮不礙雲」並非躺著什麼事都不管、不計較、不與人爭，而是建構精采的處事智慧、哲理的自適途徑，AlphaGo的邏輯值得我們深思：

法則一：忘記，比記得更重要。

老，不足以懼，老是一種重生。此刻是人生卸下責任重擔的美好時刻，攀登人生另一座高山的始點。忘掉之前的起伏跌宕，丟掉老兵情節，「沉迷過去無用，往前往前！」騰出過去生命的成敗糾葛，讓自己變成新的空杯，讓「詩與遠方」開始充滿你的大心。

法則二：練習，比天分更重要。

退休前，開始前瞻理想老後的自己，以幽默盎然的心態，面對未來生命的洄瀾或是寂寞。活，不是打發時間這麼簡單，它應該有更深遠的樣貌，或是更寬廣的心境。此時生命要有更大的想像力，同時兼具「無畏」。孤獨需要練習，幸福、快樂需要反覆練習，「自在老去、聰明慢老」也需要練習。

法則三：大局，比小節更重要。

計算自己的「殘值」？還是累積自己的「加值」？如果我們像是「歲月裡磕磕碰碰的瓷碗」，有了破片、裂痕、磕角等等，要學會用日本傳統手工藝「金繕」修補自己，修復好的表面，再敷以金粉或金箔，「以最貴的物質去對待缺陷」。把自己老後的日子，變成了一種創作，這就是一種學習態度，不要再拘泥於過去歲月的小鼻子小眼睛。

法則四：軟，比硬更重要。

軟，就是溫柔的人，也是懂得愛人愛己的人。如此活著的人，在情感的關係裡較為完滿，面對生命考驗、死亡，都較為自在。人生沒有標準的作業程序，成功沒有「絕對」只有「相對」，知足才是真諦。相信「善良，終有好報，堅持，必有收穫」，常保赤子之心，必有好事發生，這就是信仰。辛波斯卡（Wislawa Szymborska）說：「只要你是善良的，就會持續年輕。」

法則五：割捨，比周全更重要。

學會「放下，不要再緊盯自己沒有的」。懂得「在限制裡，人可以開創自己的自由」。「人生」不是長短，而是精采的過程。決定視野的高低，不是人的眼睛，而是人內心的見識與格局。人到了中年，要有能力把壞日子過好，找到讓自己快樂的事。不值得你珍惜時，學會放棄，但是該珍惜的，學會珍惜。

在「成為一個更好的人」的路上努力，即使是終老時——

達賴喇嘛曾提到「每個人都是宇宙的中心」。所謂的修行，即是認識自我內心的價值與追求內在平靜的過程；而這條路必須親身實踐，沒有捷徑。

我們一直都在學習「成為一個更好的人」的路上努力，即使是終老時。

向夕陽敬酒

生命深秋時的智慧筆記

看世界的方法 281

作者　王浩一

內頁攝影　林煜幃
封面設計　兒日
責任編輯　林煜幃

發行人兼社長　許悔之
總編輯　林煜幃
設計總監　吳佳璘
企劃主編　蔡旻潔
行政主任　陳芃妤
編輯　羅凱瀚

策略顧問　黃惠美・郭旭原・郭思敏・郭孟君・劉冠吟
顧問　施昇輝・宇文正・林志隆・張佳雯
法律顧問　國際通商法律事務所／邵瓊慧律師

出版　有鹿文化事業有限公司
地址　台北市大安區信義路三段 106 號 10 樓之 4
電話　02-2700-8388
傳真　02-2700-8178
網址　http://www.uniqueroute.com
電子信箱　service@uniqueroute.com

製版印刷　沐春行銷創意有限公司

總經銷　紅螞蟻圖書有限公司
地址　台北市內湖區舊宗路二段 121 巷 19 號
電話　02-2795-3656
傳真　02-2795-4100
網址　http://www.e-redant.com

讀者線上回函

更多有鹿文化訊息

ISBN：978-626-7603-21-5
初版一刷：2020 年 12 月
二版一刷：2025 年 4 月
定價：420 元

書衣 | 棉彩速印 130g
內封 | 經美牛卡 280g
內頁 | 嵩厚劃刊 76g

國家圖書館出版品預行編目 (CIP) 資料
向夕陽敬酒： 生命深秋時的智慧筆記 /
王浩一著 . -- 二版 . --
臺北市 : 有鹿文化 , 2025.04
320 面 ; 14.8x21 公分 . -- (看世界的方法 ; 281)
ISBN 978-626-7603-21-5(平裝)

1. 老人學　2. 生涯規劃　3. 生活指導
554.8　114002726